BEI GRIN MACHT SICH IHR WISSEN BEZAHLT

- Wir veröffentlichen Ihre Hausarbeit,
  Bachelor- und Masterarbeit

- Ihr eigenes eBook und Buch -
  weltweit in allen wichtigen Shops

- Verdienen Sie an jedem Verkauf

Jetzt bei www.GRIN.com hochladen und kostenlos publizieren

Bibliografische Information der Deutschen Nationalbibliothek:

Die Deutsche Bibliothek verzeichnet diese Publikation in der Deutschen National-
bibliografie; detaillierte bibliografische Daten sind im Internet über http://dnb.d-
nb.de/ abrufbar.

Impressum:

Copyright © 2018 GRIN Verlag
Druck und Bindung: Books on Demand GmbH, Norderstedt Germany
ISBN: 9783668866638

Dieses Buch bei GRIN:

https://www.grin.com/document/455784

Annette Markle

Anforderungen an Design und Usability eines auf die Bedürfnisse von Personen aus dem Nahen Osten zugeschnittenen Webportals

GRIN Verlag

GRIN - Your knowledge has value

Der GRIN Verlag publiziert seit 1998 wissenschaftliche Arbeiten von Studenten, Hochschullehrern und anderen Akademikern als eBook und gedrucktes Buch. Die Verlagswebsite www.grin.com ist die ideale Plattform zur Veröffentlichung von Hausarbeiten, Abschlussarbeiten, wissenschaftlichen Aufsätzen, Dissertationen und Fachbüchern.

Besuchen Sie uns im Internet:

http://www.grin.com/

http://www.facebook.com/grincom

http://www.twitter.com/grin_com

BACHELORARBEIT

vorgelegt an der

Hochschule für angewandte Wissenschaften Würzburg-Schweinfurt

in der Fakultät Informatik und Wirtschaftsinformatik

Zum Abschluss eines Studiums im Studiengang E-Commerce

Vertiefungsmodul Webmanagement

Anforderungen an Design und Usability eines auf die
Bedürfnisse von Personen aus dem Nahen Osten
zugeschnittenen Webportals

Abgabetermin: 01.08.2018

Eingereicht von: Annette Markle

Inhaltsverzeichnis

I. Abbildungsverzeichnis

Abkürzung	Bedeutung
ADG	Arab Digital Generation
ROPO	Research Online Purchase Offline

Zusammenfassung

Die vorliegende Bachelorarbeit bietet einen Leitfaden zur Konzeption eines auf Personen aus dem Nahen Osten zugeschnittenen Webportals.

Die zentrale Fragestellung lautet, welche kulturellen Besonderheiten Unternehmen beziehungsweise Organisationen beachten müssen, um den Nutzererwartungen der Angehörigen dieses Kulturkreises gerecht zu werden.

Im Anschluss an eine kurze Einführung in das Gebiet der Usability und der Gestaltgesetze werden die kulturellen Besonderheiten des Nahen Ostens sowie deren Auswirkungen auf Benutzeroberflächen ermittelt.

Im Rahmen der Arbeit wird ein Einblick in die Art und Weise der Internetnutzung in dieser Region gewährt.

Zudem werden erfolgreiche arabischsprachige E-Commerce-Portale sowie deren internationale Varianten untersucht.

Anhand der gewonnenen Erkenntnisse wird ein Mock-up einer exemplarischen E-Commerce-Website erstellt, welches eine internationale sowie eine arabischsprachigen Variante beinhaltet.

Zusätzlich wird die besondere Bedeutung des Fastenmonats Ramadan für den E-Commerce in der arabischen Welt erläutert.

Die in der Bachelorarbeit gewonnenen Erkenntnisse sind sowohl für Unternehmen, die in den Nahen Osten expandieren als auch für Organisationen, die Angehörige des arabischen Kulturkreises im Inland ansprechen möchten, relevant.

Abstract

The present paper provides a guideline for the design of a web portal tailored to meet the needs of people from the Middle East.

The key issue is, which cultural specifics companies or organizations have to take into account in order to meet the user expectations of the members of this cultural group.

Following a brief introduction to the field of usability and the gestalt laws, the cultural specifics of the Middle East as well as their impact on user interfaces are identified. The paper gives an insight into the types of internet usage in this region.

Furthermore, successful Arabic-language e-commerce portals as well as their international versions are analyzed.

Based on the knowledge acquired, a mock-up of an exemplary e-commerce website containing an international and Arabic-language version was created.

In addition, the great significance of the fasting month of Ramadan for e-commerce in the Arab World is outlined.

The findings gained from this bachelor thesis are relevant for companies expanding towards the Middle East as well as for organizations who want to nationally address members of the Arab culture.

Während durch den Bürgerkrieg in Syrien Märkte zusammengebrochen sind, entstehen anderorts – auch in Deutschland – in den letzten Jahren durch Migration neue Märkte (vgl. Brücker 2016).

Umgekehrt beschäftigen sich Unternehmen zunehmend damit, im Rahmen einer Expansion ihrer Onlineshops neue Märkte, unter anderem im Nahen Osten, zu erschließen. Gemäß dem Ergebnis einer Umfrage der Boniversum GmbH aus dem Jahr 2014 lieferten zu diesem Zeitpunkt bereits 77 Prozent der deutschen Onlineshops ins Ausland, wobei 81 Prozent der übrigen 23 Prozent angaben, dass eine Ausweitung ihrer Handelsaktivitäten ins Ausland zeitnah geplant sei (vgl. Boniversum GmbH 2014).

Abgesehen von Faktoren bezüglich der Konzeption einer Benutzeroberfläche im Rahmen von Konventionen, die zumindest bis zu einem gewissen Grad kulturübergreifend gelten, existieren kulturelle Unterschiede in der Informationswahrnehmung, -verarbeitung und -darstellung (vgl. Heimgärtner 2017: 18).

Folgende Fragestellung ist dabei für Unternehmen, die gezielt Nutzer aus dem Nahen Osten ansprechen möchten, von zentraler Bedeutung: **Welche kulturellen Besonderheiten müssen berücksichtigt werden, um das Benutzererlebnis für diese Zielgruppe zu verbessern?**

Nach einer kurzen **Einführung** in das Thema erfolgt die Vorstellung der Zielsetzung der vorliegenden Arbeit.

Im Anschluss daran werden in Kapitel 2 des **Hauptteils** die theoretischen Grundlagen der Usability erarbeitet.

Im darauf folgenden Kapitel wird erläutert, was man unter dem Hofstedes Begriff der Kulturdimensionen versteht. Hierbei wird aufgezeigt, welche Kulturdimensionen relevant für welche Elemente einer interkulturellen Benutzeroberfläche sind.

Anschließend wird umrissen, welche allgemeinen Konventionen bei der Grobgestaltung eines Webportals Beachtung finden müssen. Daran schließt sich eine Untersuchung der einzelnen Bestandteile einer Benutzeroberfläche an, wobei jeweils erarbeitet wird, welche kulturspezifischen Besonderheiten diesbezüglich zu berücksichtigen sind. Im Rahmen dieses Kapitels wird auch erläutert, welche Herausforderungen im Zusammenhang mit E-Commerce im Nahen Osten auftreten, der Aspekt einer für Smartphones oder Tablets optimierten Darstellung berücksichtigt sowie einige Beispiele erfolgreicher arabischer E-Commerce-Seiten angeführt.

Als nächster Schwerpunkt wird unter Verwendung des Tools Axure anhand eines Mock-ups basierend auf den in der Arbeit gewonnenen Erkenntnissen aufgezeigt, wie ein Webportal, welches sich an Nutzer aus dem Nahen Osten richtet, konzipiert sein sollte.

Im Anschluss daran wird erörtert, welche Rolle der Fastenmonat Ramadan bezüglich der Internetnutzung im Nahen Osten spielt und wie man das Potential dieser besinnlichen Zeit als Werbetreibender nutzen kann.

Abschließend werden die bezüglich der kulturellen Anpassung der Benutzeroberfläche an Nutzer aus dem Nahen Osten gewonnenen Erkenntnisse im **Schlussteil** zusammengefasst.

1.2 Herausforderungen kulturspezifischer Anpassung und Zielsetzung der Arbeit

Das Literaturangebot bezüglich des Themas der interkulturellen Anpassung von Benutzeroberflächen ist im Gegensatz zu Literatur zum Thema Usability im Allgemeinen noch sehr überschaubar (vgl. Heimgärtner 2017: 189). Dies gilt umso mehr, wenn man sich als Werbetreibender oder Institution Informationen bezüglich der kulturellen Anpassung einer Benutzeroberfläche für eine spezifische kulturelle Zielgruppe aneignen möchte. Aus diesem Grund hat sich die vorliegende Bachelorarbeit zum Ziel gesetzt, zu erarbeiten, welche kulturspezifischen Besonderheiten bezüglich der Gestaltung, Symbolik und Farbgebung bei der Ansprache von Nutzern aus dem Nahen Osten zu beachten sind. Somit können die in der Bachelorarbeit gewonnenen Erkenntnisse dazu dienlich sein, interessierten Unternehmen oder Organisationen einen Leitfaden zur Konzeption eines Webportals beziehungsweise eines Onlineshops für Nutzer aus dem Nahen Osten an die Hand zu geben.

2. Grundlagen der Usability

Der Begriff der Usability hat seit Beginn des E-Commerce in den 90er Jahren kontinuierlich an Bedeutung gewonnen. Laut Definition bedeutet Usability Gebrauchstauglichkeit (ISO-Norm DIN EN ISO 9241-11). Hinter dem Begriff der Usability steht in erster Linie der Anspruch, die Komplexität einer Website auf ein Minimum zu reduzieren, da Nutzer ansonsten in einen Zustand der Überforderung geraten können.

Da dieser Anspruch mittlerweile allgemeingültig ist und somit die Gebrauchstauglichkeit im Sinne der Benutzerfreundlichkeit einen wichtigen Kernfaktor der Entwicklung eines Webportals darstellt, werden in diesem Kapitel kurz verschiedene Kriterien sowie zwei unterschiedliche Definitionen des Begriffs Usability vorgestellt.

2.1 Was man unter Usability versteht

2.1.1 Definition gemäß ISO 9241

Seit 1998 existiert mit der DIN EN ISO 9241 ein internationaler Standard für Usability. Die Gebrauchstauglichkeit wird wie folgt definiert: "Usability ist das Ausmaß, in dem ein Produkt durch bestimmte Nutzer in einem bestimmten Nutzungskontext genutzt werden kann, um bestimmte Ziele effektiv, effizient und zufriedenstellend zu erreichen." (ISO-Norm DIN EN ISO 9241-11)

Die Usability umschreibt somit die Qualität, mit der ein Nutzer mit einem Produkt wie einer Website interagieren kann, in anderen Worten die Benutzerfreundlichkeit eines Produkts.

Hierbei werden in der Norm DIN EN ISO 9241-11 folgende Kriterien definiert, die im Folgenden anhand von Beispielen verdeutlicht werden:

Effektivität zur Lösung einer Aufgabe: Diese Messgröße beschreibt, ob der Nutzer ein festgelegtes Ziel erreichen kann. Bei einem Onlineshop wäre dies das Abschließen eines Kaufs durch das Durchlaufen des Check-Out-Prozesses. Wenn dies dem Besu-

3

cher aus technischen Gründen wie beispielsweise aufgrund eines nicht funktionieren-
den Buttons oder fehlerhaften Formulars nicht möglich ist, ist das Kriterium der Effektivität nicht gegeben.

Effizienz der Handhabung des Systems: Wenn man bei dem gewählten Beispiel des
Onlineshops bleibt, würde fehlende Effizienz bedeuten, dass der Check-Out-Prozess
zwar technisch abgeschlossen werden kann, aber viele einzelne Schritte enthält, die
diesen unnötig verkomplizieren und daher ein Großteil der Nutzer aufgrund des hohen Aufwands die Seite vor Abschluss des Kaufprozesses verlässt.

Zufriedenheit der Nutzer einer Software: Die Zufriedenheit umschreibt den subjek-
tiven Eindruck, den der Kunde von dem Produkt hat und wird als „Freiheit von Beein-
trächtigung und positive Einstellung gegenüber der Nutzung des Produkts" umschrie-
ben (ISO-Norm DIN EN ISO 9241-11).

Gemäß der ISO-Norm DIN EN ISO 9241-110, den „Grundsätzen der Dialoggestaltung",
welche aus den 1990er Jahren stammt und 2006 überarbeitet wurde, werden sieben
Grundsätze für die Gestaltung und Bewertung von Benutzerschnittstellen festgelegt,
die hier beispielhaft erklärt werden:

Aufgabenangemessenheit

Die Dialogwege sollen zielführend und nachvollziehbar sein, unnötige Aktionen wie
beispielsweise das mühsame Ausfüllen unnötiger Formularfelder sollen minimiert
werden.

Steuerbarkeit

Der Dialog muss durch den Benutzer steuerbar sein. Dieser soll beispielsweise die
Möglichkeit haben, Schritte mehrstufiger Eingabeprozesse zu widerrufen, ohne den
gesamten Eingabeprozess wiederholen zu müssen. Hierzu zählen auch diverse Filter-
und Sortierfunktionen.

Selbstbeschreibungsfähigkeit

Dieser Punkt umschreibt die Verständlichkeit für den Nutzer durch Hilfestellungen und Rückmeldungen. Hierzu gehören unter anderem die Visualisierung von Wartezeiten, die Eindeutigkeit von Linkzielen und Sicherheitsabfragen vor dem Löschen von Daten.

Lernförderlichkeit:

Dieses Kriterium ist dann gegeben, wenn ein Dialog den Nutzer „beim Erlernen des Systems unterstützt und anleitet" (ISO-Norm DIN EN ISO 9241-110). Beispiele hierfür wären Tutorials, FAQ-Bereiche oder ein virtueller Assistent, der dem Nutzer zur Seite steht.

Individualisierbarkeit

Die Möglichkeit der Individualisierbarkeit ist beispielsweise dann gegeben, wenn der Nutzer ein Portal oder einen Onlineshop durch die gezielte Auswahl bevorzugter Inhalte - und somit deren höhere Gewichtung - an seine persönlichen Bedürfnisse anpassen kann.

Fehlertoleranz

Der Nutzer muss das System benutzen können, selbst wenn er unvorhergesehene Fehler macht. Dies wird ermöglicht, indem das System im Falle von Eingabefehlern die Option anbietet, Korrekturen vorzunehmen. Fehlermeldungen müssen demzufolge auch in einer dem Nutzer verständlichen Sprache erfasst werden.

Es ist in diesem Kontext zudem sinnvoll, Formulareingaben unmittelbar im Browser über JavaScript zu prüfen, um dem Nutzer eventuelle Eingabefehler sofort anzeigen zu können.

Erwartungskonformität

Die ISO-Norm DIN EN ISO 9241-110 definiert Erwartungskonformität wie folgt:

> Ein Dialog ist erwartungskonform, wenn er konsistent ist und den Merkmalen des Benutzers entspricht, z.B. den Kenntnissen aus dem Arbeitsgebiet, der Ausbildung und der Erfah-

rung des Benutzers sowie den allgemein anerkannten Konventionen. (ISO-Norm DIN EN ISO 9241-110)

Die Funktionalität einer Website muss demnach den Vorerfahrungen der Nutzer gerecht werden. Ein Beispiel für zu beachtende allgemeingültige Konventionen wäre beispielsweise, dass es sich bei unterstrichenen Textbereichen um klickbare Links handelt. Im Kapitel 4.1 dieser Arbeit wird der Aspekt der Konventionen ausführlicher erläutert.

2.1.2 Definition von Usability nach Steve Krug

Um den Begriff Usability in seiner konkreten Bedeutung noch besser nachvollziehen zu können, wird die in Kapitel 2.1.1 aufgeführte ISO-Norm durch eine Auflistung von Eigenschaften des Begriffs Usability sowie eine kurze, treffende Definition dieses Begriffs seitens des bekannten Usability-Beraters und Autoren Steve Krug ergänzt.

In seinem Buch „Don't Make Me Think!" führt der Autor folgende Kriterien an, die den Begriff Usability beschreiben:

> *nützlich:* Kann es etwas, das Leute brauchen?
> *erlernbar*: Können Leute herausfinden, wie es funktioniert?
> *einprägsam*: Müssen Sie es für jeden Gebrauch erneut lernen?
> *effektiv*: Erledigt es seinen Job?
> *effizient*: Tut es das in einem angemessenen Zeitraum und mit zumutbarem Aufwand?
> *begehrenswert*: Werden Leute es wollen?
> *reizvoll*: Ist der Gebrauch erfreulich oder macht es sogar Spaß? (Krug 2014: 9)

Steve Krugs allgemeine Definition von Usability lautet wie folgt:

> Wenn etwas nutzerfreundlich ist – ganz gleich ob Website, Fernbedienung oder eine Drehtür – bedeutet es, dass eine Person mit durchschnittlicher (oder sogar unterdurchschnittlicher) Fähigkeit und Erfahrung versteht, wie man das Ding benutzt, um etwas zu erreichen, ohne dass dabei der Aufwand größer als der Nutzen ist. (ebd.)

2.2 Die Bedeutung von Usability im Web

Der bekannte Autor und Berater für Usability von Software und Webanwendungen Jakob Nielsen erklärt, warum Benutzerfreundlichkeit gerade im Web im Vordergrund stehen muss. Aufgrund der überwältigenden Auswahlmöglichkeiten verlange der Nutzer eine unmittelbare Befriedigung seiner Wünsche und verlasse die Seite, wenn er nicht in etwa einer Minute erkennen könne, wie die vom ihm besuchte Website zu bedienen sei (vgl. Nielsen 2001: 10).

Hierzu wird angemerkt, dass der vom Autor bei der Erstellung seines Buches „Designing Web Usability" gewählte Zeitraum von „etwa einer Minute" im Jahr 2018 der Erstellung dieser Arbeit nicht mehr zutrifft, da die Erwartungshaltung der Nutzer in den letzten Jahren gestiegen ist und Nutzer mittlerweile bereits binnen 3 Sekunden entscheiden, ob sie auf einer Website bleiben möchten oder nicht (vgl. Sens 2017: 62).

Jakob Nielsens einfache Gleichung im Anschluss an diese Aussage unterstreicht die Bedeutung der Usability im Web. Diese führt an, dass Kunden Produkte und Software zuerst käuflich erwerben und dann anschließend erst mit deren Usability konfrontiert werden, wohingegen Nutzer von Websites zuerst die Usability erleben und später erst zu zahlenden Kunden werden (vgl. ebd.: 10 f.).

An dieser Stelle wird darauf hingewiesen, dass sich die vorliegende Arbeit der Konzeption eines Webportals widmet und sich der Begriff der „Usability" im Folgenden nur auf „Web Usability", also die Gebrauchstauglichkeit beziehungsweise Benutzerfreundlichkeit einer Website, bezieht.

3. Der Einfluss von Kultur auf Benutzerpräferenzen

Die Werte einer Kultur repräsentieren unentbehrliche Richtlinien für deren Vertreter und bleiben solange im unsichtbaren Bereich, bis sie durch deren Verhalten sichtbar werden (vgl. Meidl 2014: 20). Kulturmodelle ermöglichen es, die zunächst nicht sichtbaren Bereiche anderer Kulturen zu entdecken. Das bekannte in Abb. 1 dargestellte Modell des kulturellen Eisbergs visualisiert, dass lediglich 10 Prozent der Eigenschaften einer Kultur sichtbar und wahrnehmbar sind, wohingegen der Rest unsichtbar, unterbewusst und daher schwierig zu erforschen ist (vgl. Hoft 1996: 44 ff.).

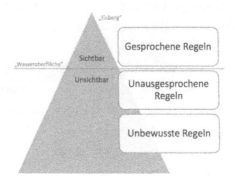

Abb. 1 - Eisbergmodell kultureller Aspekte

Das kulturspezifische Verhalten bildet die Spitze des vorgestellten Eisberges, die auf unterbewusster kultureller Prägung basiert. Bezüglich der Zielsetzung dieser Arbeit gilt es, dieses Verhalten von Nutzern aus dem Nahen Osten zu analysieren und Rahmenbedingungen für die Erstellung eines auf diese Zielgruppe zugeschnitten Webportals aufzustellen.

Hierbei stellen die fünf Kulturdimensionen nach Geert Hofstede kulturelle Eigenschaften dar, welche im Verhältnis zu anderen Kulturen quantifizierbar sind (vgl. Hofstede 2011: 30) und bei der Kommunikation mit einem bestimmten Markt zu beachten sind (vgl. Meidl 2014: 29).

Der Begriff der „Kultur" wird häufig in unterschiedlichem Kontext verwendet und ist sehr vielschichtig. Auf eine Auflistung einzelner Definitionen dieses Begriffs wird daher im Rahmen dieser Arbeit verzichtet.

Dieses Kapitel widmet sich ausschließlich Hofstedes Modell der Kulturdimensionen als einem der am weitesten verbreitetsten Konstrukte sowie den konkreten Auswirkungen der ermittelten Unterschiede auf verschiedene Bereiche der Benutzeroberfläche.

Die Dimensionen umfassen verschiedene Bereiche, die im Folgenden näher vorgestellt werden:

3.1.1 Machtdistanz

Es ist allgemein bekannt, dass in jeder Gesellschaft bis zu einem gewissen Grad ein Ungleichgewicht der Macht vorhanden ist und deren Ausmaß von Land zu Land variiert. Die Dimension der Machtdistanz selbst fungiert als Gradmesser für Ungleichheit in der Gesellschaft (vgl. Hofstede 2011: 51).

Im Rahmen eines Forschungsprojektes wurden Angestellte der Firma IBM in unterschiedlichen Ländern zu Situationen am Arbeitsplatz zwischen Mitarbeitern und deren Vorgesetzten befragt. Diese Befragung ermöglichte es, jedem Land einen Wert zuzuweisen, welcher den Grad der Machtdistanz des jeweiligen Landes definiert, den sogenannten Machtdistanz-Index (MDI) (vgl. ebd.: 51 ff.). Während westeuropäische Länder wie beispielsweise Deutschland mit einem Wert von 35 einen niedrigen MDI aufwiesen, wiesen die meisten asiatischen, osteuropäischen und lateinamerikanischen Länder hohe MDI-Werte über 70 auf, wobei sich die **arabischen Länder, deren Kultur für die vorliegende Arbeit relevant ist, mit einem MDI von 80 im oberen Drittel befanden** (vgl. ebd.: 54 ff.).

3.1.2 Kollektivismus versus Individualismus

Kollektivismus bedeutet, dass das Interesse der Gruppe, das „Wir", die Hauptidentität eines Menschen bildet und dem Interesse eines einzelnen Menschen deutlich übergeordnet ist (vgl. Hofstede 2011: 95 f.). Der Begriff „Familie" umfasst in den meisten kollektivistischen Gesellschaften nicht nur die unmittelbaren Angehörigen, sondern auch entferntere Verwandte oder Mitbewohner (vgl. ebd.: 96). Im Gegensatz dazu besteht in der für individualistische Gesellschaften typischen Kleinfamilie die Familie meist nur aus 2 Elternteilen und eventuell Geschwistern (vgl. ebd.: 96). In individualistischen Gesellschaften bildet nicht die Gruppenzugehörigkeit die

Hauptidentität eines Menschen, sondern dessen individuelle Merkmale (vgl. ebd.: 96 f.).

Im Rahmen der bereits erwähnten Studie wurden Mitarbeiter der Firma IBM weltweit gebeten, in einer Skala von 1 („höchst wichtig") bis 5 („kaum oder gar nicht wichtig") zu bewerten, welche Faktoren für sie am Arbeitsplatz von Bedeutung seien (vgl. ebd.: 98). Für den individualistischen Pol waren die Faktoren „Persönliche Zeit", „Freiheit" (Gestaltung der Arbeit nach eigenen Vorstellungen) und „Herausforderung" maßgeblich, der entgegengesetzte kollektivistische Pol setzte sich aus den Faktoren „Fortbildung", „Physische Bedingungen" (ein angemessenes Arbeitsumfeld bezüglich Lüftung, Beleuchtung und Arbeitsraum) sowie „Anwendung der Fertigkeiten" (Möglichkeit eines vollen Einsatzes der eigenen Fähigkeiten bei der Arbeit) zusammen (vgl. Hofstede 2011: 98). Hier wurde den jeweiligen Ländern ein Wert, der sogenannte Individualismusindex (IDV) auf einer Skala von 0 bis 100 zugewiesen, wobei ein höherer IDV eine höhere Tendenz zum Individualismus bedeutet (vgl. ebd.: 100). **Die arabischen Länder erreichten beim IDV im Vergleich zu Deutschland mit 67 Punkten hierbei lediglich 38 Punkte, was für einen deutlich ausgeprägten Kollektivismus im Nahen Osten spricht** (vgl. ebd.: 101).

3.1.3 Weitere Kulturdimensionen

Als weitere Kulturdimensionen nach Hofstede existieren noch „Maskulinität und Femininität", „Unsicherheitsvermeidung" sowie „Langzeit- und Kurzzeitorientierung". Da die arabischen Länder in der IBM-Studie sowie hinsichtlich der „Langzeit- und Kurzzeitorientierung" in der sogenannten Chinese Value Survey in diesen Kulturdimensionen fast deckungsgleiche Werte mit Deutschland aufweisen und diese Arbeit sich den kulturellen Unterschieden widmet, werden diese nicht weiter diskutiert (vgl. ebd.: 158, 221, 275).

Zusammenfassend lässt sich demnach feststellen, dass die arabischen Länder einen um ein Vielfaches höheren Machtdistanzindex als westeuropäische Länder aufweisen sowie dass deren Gesellschaftsstruktur im Gegensatz zu individualistischen Gesellschaften kollektivistisch orientiert ist.

3.2 Zusammenhang zwischen Kulturdimensionen und Benutzeroberflächen

Um eine Übersicht zu erhalten, wie Benutzeroberflächen unter Zuhilfenahme von Kulturdimensionen an die Zielkultur anzupassen sind, muss zunächst erarbeitet werden, aus welchen Bestandteilen diese zusammengesetzt sind. Anschließend wird ermittelt, wie die Bestandteile jeweils gemäß der Kulturdimensionen angepasst werden sollten.

3.2.1 Aufbau von Benutzeroberflächen

Im Buchteil „User Interface Design and Culture" werden im Folgenden fünf Bestandteile von Benutzeroberflächen angeführt (vgl. Marcus 2008: 52 f.):

Metaphern
Bei Metaphern handelt es sich um Konzepte, welche mit den Nutzern mit Worten, Bildern, Geräuschen sowie über taktiles Empfinden in Kontakt treten. Beispiele für visuelle Metaphern sind unter anderem die Briefmarke als Icon für den E-Mail-Client oder die Lupe als Icon neben dem Suchschlitz, wobei beispielsweise das Verschieben eines Lautstärkereglers eine taktile Metapher darstellt.

Mentale Modelle
Mentale Modelle beinhalten Strukturen von Daten, Aufgaben, Funktionen, Rollen oder Gruppen.

Navigation
Die Navigation ermöglicht es dem Nutzer, sich durch mentale Modelle zu bewegen, welche den Inhalt repräsentieren. Beispiele für Navigationselemente sind Menüs, Fenster, Icons, Dialogboxen oder Werkzeugpaletten.

Interaktion

Die Interaktion beinhaltet Techniken der Ein- und Ausgabe, Statusanzeigen sowie andere Arten von Rückmeldungen. Beispiele beinhalten die detaillierte Festlegung des Verhaltens von Tastatur, Maus oder Eingabestiften.

Gestaltung

Diese Eigenschaft beschreibt alle Bestandteile einer Benutzeroberfläche, die man visuell, auditiv oder taktil wahrnehmen kann. Hierzu gehören die Farbgebung, Typographie, Animationsstil, Sprachstil, Geräusche und Vibrationen.

3.2.2 Auswirkungen von Kulturdimensionen auf Benutzeroberflächen

In Kapitel 3.1 wurden die Werte der arabischen Länder bezüglich Hofstedes Kulturdimensionen ermittelt. Im Folgenden wird unter Zuhilfenahme der im Buchteil „User Interface Design and Culture" angeführten Beispiele eine knappe Übersicht der Anpassung der vorgestellten Bestandteile der Benutzeroberfläche an die für den Nahen Osten ermittelten Werte (vgl. Marcus 2008: 52-64) durchgeführt. Eine ausführlichere Erörterung der einzelnen anzupassenden Bereiche findet in Kapitel 4 statt.

Auswirkung einer ausgeprägten Machtdistanz auf die Benutzeroberfläche

Wie bereits in Kapitel 3.1.1 dargelegt, ist die Machtdistanz bei den arabischen Ländern im Vergleich zu Deutschland viel ausgeprägter (vgl. Hofstede 2011: 54 ff.). Bezüglich **Metaphern** sind bei Ländern mit einem hohen MDI Objekte, die für eine ausgeprägte Hierarchie stehen, wie Institutionen oder Gebäude bevorzugt zu verwenden (vgl. Marcus 2008: 59 f.). Als **mentale Modelle** sind komplexere Strukturen mit vielen Unterkategorien ratsam, wobei die **Navigation** dem Nutzer einen strikten Pfad vorgeben sollte, der eingehalten werden muss. Bei der **Interaktion** dürfen auch explizite Fehlermeldungen erscheinen, die den Nutzer darauf hinweisen, dass er „etwas Falsches getan hat" (vgl. ebd.: 60). Bezüglich der **Gestaltung** sind Symbole oder Insignien, welche Autorität ausstrahlen wie beispielsweise Bilder von Regierungsgebäuden empfehlenswert (vgl. ebd.).

Auswirkung einer kollektivistischen Gesellschaftsstruktur auf die Benutzeroberfläche

Wie in Kapitel 3.1.2 erläutert, weisen die arabischen Länder einen niedrigen IDV mit 38 Punkten auf, was bedeutet, dass die Kultur des Nahen Ostens kollektivistisch ist (vgl. Hofstede 2011: 100). **Metaphern** sollten nach Möglichkeit inhalts- anstatt handlungsorientiert sein, wobei **mentale Modelle** rollen- anstatt aufgabenorientiert sein sollten (vgl. Marcus 2008: 60). Bezüglich der **Navigation** gilt, wie bereits bezüglich der Machtdistanz festgestellt, dass die Wahlmöglichkeiten eingeschränkt sein müssen, wobei die Navigation zudem gruppen- und eventuell rollenorientiert sein sollte (vgl. ebd.). Die **Interaktion** sollte nicht personalisierbar und eher eingeschränkt gehalten sein (vgl. ebd.: 61). Bei der **Gestaltung** sind Bilder von Einzelpersonen zu vermeiden und Bilder von Rollen oder größeren Gruppen angebracht, wobei bei der Ansprache der Nutzer nicht direkt mit dem Aktiv angesprochen, sondern stets das Passiv verwendet werden sollte (vgl. ebd.).

4. Konzeption der Benutzeroberfläche

4.1 Allgemeingültige Konventionen zur Gestaltung von Benutzeroberflächen

Im vorhergehenden Kapitel wurden die kulturspezifischen Anpassungen erarbeitet, die bei der Konzeption einer Benutzeroberfläche für Nutzer aus dem Nahen Osten vorzunehmen sind. Bevor die in Kapitel 3 gewonnenen Erkenntnisse in den einzelnen Bereichen der Benutzeroberfläche Anwendung finden, bietet Kapitel 4.1 einen Überblick über die allgemeinen kulturunabhängigen Konventionen, die bei der Gestaltung einer Benutzeroberfläche zu beachten sind.

4.1.1 Vorstellung der Gestaltgesetze

Die menschliche Wahrnehmung greift bei der Verarbeitung visueller Informationen auf bereits vorhandene Erfahrungen zurück, um die kognitive Belastung möglichst gering zu halten (vgl. Thesmann 2016: 225). Das Gehirn lenkt die Aufmerksamkeit des Betrachters, indem es bestimmte Elemente zu Gunsten anderer ausblendet und verarbeitet die Eindrücke des Auges weiter, bevor diese bewusst wahrgenommen werden (vgl. Jacobsen 2017: 176). Anders formuliert sehen Menschen oft nicht das, was tatsächlich da ist, sondern das, was sie zu sehen gewohnt sind (vgl. Heinecke 2012: 64). Durch Kenntnis der Gesetze der Gestaltpsychologie ist es möglich, durch Kombination verschiedener Gestaltgesetze oder mittels bewusst gesetzter Verstöße gegen selbige starke Effekte bei der Gestaltung von Nutzeroberflächen zu erzielen (vgl. Thesmann 2016: 225).

Im Folgenden werden einige für die Oberflächengestaltung wichtige Regeln genannt, um einen groben Überblick zu gewährleisten, wobei an dieser Stelle bei weitem nicht alle bekannten Gestaltgesetze vorgestellt werden können.

Gesetz der Ähnlichkeit

Dieses Gesetz besagt, dass Elemente mit ähnlichen Eigenschaften wie beispielsweise Schriftart, Größe oder Farbe als zusammengehörend wahrgenommen werden, auch wenn sie räumlich voneinander getrennt sind (vgl. Jacobsen 2017: 176).

Auf der Website des Elektronikhändlers „Conrad" (Abb. 2) werden zwei Varianten des „In den Einkaufswagen" Buttons gezeigt, welche durch die gelbe Farbe aus den üblichen in Weiß, Grau und Blau gehaltenen Elementen der Website herausstechen und somit vom Betrachter als zusammengehörig empfunden werden.

Abb. 2 – Beispiel für Gesetz der Ähnlichkeit / Conrad.de

Gesetz der Nähe

Das Gesetz der Nähe sagt aus, dass räumlich benachbarte Elemente als zusammengehörig erachtet werden (vgl. Heinecke 2012: 64). Dieses Gesetz findet beispielsweise bei der Gruppierung thematisch zusammengehöriger Links Anwendung, wie folgendes Beispiel aus dem Footer der Website Amazon.de verdeutlicht:

Abb. 3 – Beispiel für Gesetz der Nähe / Footer der Website Amazon.de

Gesetz der Geschlossenheit

Das Bestreben des menschlichen Gehirns nach Ordnung sorgt dafür, dass mehrere einzelne Objekte bevorzugt als eine Einheit betrachtet werden, was dadurch erleichtert wird, wenn diese einen Umriss aufweisen oder durch eine Linie miteinander verbunden sind (vgl. Thesmann 2016: 228). Dieses Gesetz findet häufig in der Formulargestaltung Anwendung. In Abb. 4, welche die Einstellungen des Webbrowsers Chrome zeigt, wird dieses Gesetz durch die Verwendung von Kästen angewendet, die durch Konturen und im Vergleich zum Hintergrund hellere Farbgebung verdeutlichen, welche Bereiche zusammengehören.

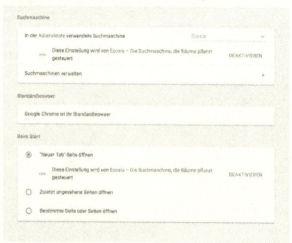

Abb. 4 – Beispiel für Gesetz der Geschlossenheit / Webbrowser Chrome

4.1.2 Nutzererwartungen bezüglich der Anordnung von Elementen

Ein wichtiges Kriterium für die Konzeption einer Benutzeroberfläche sind Nutzererwartungen bezüglich der Position wichtiger Elemente.

Michael Bernard von der Wichita State University untersuchte in einer Studie vom Jahre 2000 mit 346 Probanden im Alter zwischen 18 bis 63 Jahren die Nutzererwartung bezüglich der Position von fünf Elementen auf der Oberfläche einer Website (vgl. Bernard 2001: 1161).

Die Probanden hatten die Aufgabe, folgende damals für eine Website charakteristischen Elemente auf einem Raster mit acht horizontalen und sieben vertikalen Quadraten zu verorten, welches ein Browserfenster darstellen sollte (vgl. ebd.: 1162):

1. Links zu internen Seiten einer Website (Navigation)
2. Ausgehende Links zu externen Websites
3. „Zurück zur Startseite"-Schaltfläche
4. Seiteninterner Suchschlitz
5. Werbebanner

Die Nutzer wurden zusätzlich in zwei Nutzergruppen, bestehend aus Personen mit weniger als einem Jahr Interneterfahrung und Personen mit drei oder mehr Jahren Interneterfahrung, unterteilt, um diese miteinander vergleichen zu können (vgl. ebd.: 1161). Das Ergebnis zeigte, dass sowohl die Internet-Neulinge als auch die erfahrenen Nutzer die untersuchten Objekte an ähnlichen Stellen positionierten, was den Schluss nahelegt, dass Nutzer bereits innerhalb kürzester Zeit eine Nutzererwartung bezüglich der Position bestimmter Objekte auf Webseiten entwickeln (vgl. ebd.: 1163).

Der Studie von Bernard liegt demnach die wichtige Erkenntnis zu Grunde, dass das menschliche Gehirn sich sehr rasch an Konventionen gewöhnt und die Berücksichtigung von Nutzererwartungen somit einen wichtigen Faktor bei der Gestaltung von Nutzeroberflächen darstellt.

Folgende Konventionen wurden in der Studie ermittelt (vgl. ebd.: 1163):

1. Die „Zurück zur Startseite"-Schaltfläche wird mehrheitlich oben links erwartet
2. Die Navigation wird oben links erwartet
3. Ausgehende Links werden entweder rechts oder links unten vorausgesetzt
4. Die Nutzer erwarten, dass sich der interne Suchschlitz oben mittig befindet
5. Werbebanner werden immer ganz oben auf der Website vorausgesetzt

Wenngleich das Element des Werbebanners 17 Jahre nach Veröffentlichung der Studie an Bedeutung verloren hat, da Banner mittlerweile von vielen Nutzern nicht mehr wahrgenommen werden, und die Schaltfläche „Zurück zur Startseite" meist durch ein klickbares Logo repräsentiert wird, erweisen sich die hierbei ermittelten Konventionen immer noch als gültig.

Dies wird durch das Ergebnis einer im Jahr 2014 durch Susanne Niklas im Auftrag der eResult GmbH durchgeführte Onlinebefragung mit jeweils 600 Teilnehmern in Deutschland sowie im Vereinigten Königreich untermauert, gemäß welcher die Mehrheit der deutschen als auch der britischen Nutzer der Meinung, sind, dass das Logo ein zentrales Element darstellt und nach links oben gehört (vgl. Niklas 2014: 5).

4.2 Navigation

4.2.1 Navigation im Allgemeinen

Eine gute Herangehensweise bei der Konzeption einer Navigation ist das Formulieren von sogenannten „W-Fragen". Ist die Navigationsoberfläche übersichtlich gestaltet, muss diese dem Nutzer folgende Kernfragen beantworten:

> Wo bin ich? Was gibt es hier?
> Von wem ist die Seite?
> Wohin kann ich gehen?
> Wie gelange ich dorthin?
> Was gibt es hier sonst noch?
> Wie komme ich wieder zurück?   (Bensmann / Hammer 2009: 201)

Bezüglich der Frage „Von wem ist die Seite?" ist es ratsam, sich an die in Kapitel 4.1.2 ermittelten Konventionen zu halten, indem sich ein aussagekräftiges, klickbares Logo an der vom Nutzer erwarteten Stelle befindet.

Die Fragestellungen „Wo bin ich? Was gibt es hier?" können durch kurze, aussagekräftige Überschriften beantwortet werden, welche dem Besucher ermöglichen, die Struktur eines Bereiches und die mit diesem Bereich thematisch verknüpften Inhalte leicht zu erkennen (vgl. Thesmann 2016: 100). In diesem Kontext ist es angebracht, bei der

Strukturierung von Kategorien darauf zu achten, nicht betriebsblind zu agieren, sondern bei der Wahl von Begrifflichkeiten stets den Nutzer im Fokus zu haben. Statt innovativer Wortschöpfungen oder einschlägiger Fachbegriffe, unter denen sich der durchschnittliche Nutzer oft nichts Konkretes vorstellen kann, sind einfache, aussagekräftige Kategorienamen zu bevorzugen (vgl. Jacobsen 2017: 125).

Um die Fragen „Wohin kann ich gehen? Wie gelange ich dorthin? Was gibt es hier sonst noch?" beantworten zu können, ist es wichtig, die Hauptnavigation optisch von der Zusatznavigation zu trennen und die innerhalb der Hauptnavigation unterschiedlichen Navigationsebenen zu differenzieren (vgl. Bensmann / Hammer 2009: 201). Diese Notwendigkeit der Trennung zwischen Haupt- und Zusatznavigation ist darauf zurückzuführen, dass das menschliche Kurzzeitgedächtnis maximal 7 +/- 2 Informationseinheiten parallel verarbeiten kann, was bei größeren Websites von Unternehmen eine hierarchische Strukturierung der Kategorien unumgänglich macht, um den Nutzer nicht kognitiv zu überfordern (vgl. ebd.: 160). Die in Kapitel 4.1.1 gewonnenen Erkenntnisse zu den Gestaltgesetzen können, beispielsweise durch Anwendung des Gesetzes der Geschlossenheit, eine optisch für den Leser nachvollziehbare Trennung einzelner Bereiche der Navigation vereinfachen. Unabhängig von einer eventuellen kognitiven Überforderung des Nutzers sollte generell darauf geachtet werden, dass die Navigation möglichst wenig Raum in Anspruch nimmt. Jakob Nielsen formuliert dies wie folgt: „Auf Webseiten sollten Inhalte dominieren, die die Benutzer interessieren. [...] Navigation ist ein notwendiges Übel, das nicht zum Selbstzweck und daher so klein wie möglich gehalten werden sollte." (Nielsen 2001: 18)

Die Frage „Wie komme ich wieder zurück?" lässt sich im Hinblick auf die Startseite durch ein klickbares Logo beantworten. Im Fall einer tieferen Seitenstruktur ist diese Frage durch eine Pfadnavigation mittels sogenannter Breadcrumbs zu lösen, wobei diesbezüglich, wie bereits im Zusammenhang mit Kategorien erwähnt, aussagekräftige Linkbezeichnungen essentiell sind (vgl. Bensmann / Hammer 2009: 202).

In Kapitel 3.1.1 wurde erwähnt, dass die Kulturdimension der Machtdistanz in den arabischen Ländern um ein Vielfaches ausgeprägter ist als im deutschsprachigen Raum. Hinsichtlich der Navigation stellte sich in Kapitel 3.2.2 heraus, dass dem Nutzer eines Kulturkreises mit hoher Machtdistanz nur eingeschränkte Wahlmöglichkeiten zur Verfügung stehen sollten. Wie bereits in Kapitel 4.2.1 erläutert, wird eine hierarchische Strukturierung von Kategorien der Übersichtlichkeit wegen als sinnvoll erachtet. Der kulturspezifische Faktor der Machtdistanz macht es im Fall des Nahen Ostens zusätzlich unumgänglich, eine besonders detaillierte hierarchische Kategorisierung der Navigation vorzunehmen (vgl. Aaron Marcus and Associates, Inc. 2000: 7).

Wie in Kapitel 3.2.2 dargelegt, sollte die Navigation im Fall von kollektivistischen Kulturen wie dem Nahen Osten gruppen- und eventuell auch rollenorientiert sein. Denkbar sind in diesem Rahmen passwortgeschützte Bereiche innerhalb bestimmter Navigationsebenen, die nur für Nutzer mit bestimmten Rollen zugänglich sind. Bezüglich der geforderten Gruppenorientierung der Navigation ist beim der Konzeption der Menüpunkte zu beachten, dass der Nutzer nicht wie auf Websites individualistisch ausgerichteter Kulturen üblich persönlich angesprochen werden darf, sondern die Menüpunkte allgemein gehalten werden sollten. Beispielhaft für eine kollektivistisch ausgerichtete Wahl eines Menüpunktes ist die Bezeichnung „Kontakt" anstatt aktiver Handlungsaufforderungen wie „Kontakt aufnehmen" oder gar „Kontaktieren Sie uns", die bei Websites für Nutzer aus individualistischen Kulturkreisen geläufig sind.

Da im arabischen Sprachraum die Leserichtung im Gegensatz zum westlichen Kulturkreis von rechts nach links erfolgt, sollten Menüpunkte, nach Wichtigkeit sortiert, ebenfalls von rechts nach links verlaufen (vgl. Barber & Badre 1998: 10). Falls eine Navigation seitlich am Rand einer horizontalen Navigation mit Reitern vorgezogen wird, ergibt sich aus dieser Erkenntnis heraus der Schluss, dass diese Navigationsleiste für Nutzer aus dem Nahen Osten rechts anstatt wie im westlichen Kulturkreis üblich links angeordnet sein sollte.

Farben sind ein mächtiges Instrument, wenn es darum geht, die Wahrnehmung eines Besuchers einer Website in die vom Seitenbetreiber gewünschte Richtung zu leiten, da diese Nachrichten an dessen Unterbewusstsein transportieren, die der Besucher nicht aktiv steuern kann (vgl. Thesmann 2016: 308). Wenngleich das subjektive Empfinden des Einzelnen bei der Wahrnehmung von Farben eine Rolle spielt, so üben Farben dennoch an sich eine direkte Wirkung auf Menschen aus, welche eng mit biologisch-chemischen und psychischen Vorgängen in Verbindung steht (vgl. Braem 2012: 9 ff.). Farben wecken beim Betrachter Emotionen. Dies geschieht auf **drei unterschiedliche Weisen**: Durch Assoziationen aus der Natur, welche bei allen Menschen unabhängig von der jeweiligen Kultur existieren, durch fachspezifische Assoziationen, beispielsweise aus dem Bereich der Elektrik, oder durch kulturelle Assoziationen (vgl. Moser 2012: 196). Da Farben in unterschiedlichen Kulturen verschiedene Bedeutungen haben, ist es wichtig, die Farbgebung der Benutzeroberfläche falls erforderlich an die Zielkultur anzupassen, um ungewünschte Assoziationen zu vermeiden (vgl. Heimgärtner 2017: 280). Um beim Betrachter gezielt die gewünschten Emotionen hervorzurufen und Missverständnisse durch eventuelle negative Assoziationen zu vermeiden, wird im nächsten Kapitel die kulturspezifische Bedeutung von Farben im Nahen Osten näher betrachtet.

Die Farbgebung spielt bei der kulturellen Anpassung einer Benutzeroberfläche eine wichtige Rolle. Um die Übersicht zu wahren, werden im Folgenden einige ausgewählte Farben angeführt und deren jeweilige Bedeutung im Kulturkreis des Nahen Ostens diskutiert.

Die Farbe Rot

Genau wie in der westlichen Kultur symbolisiert die Farbe Rot im Nahen Osten Gefahr. Während sie in unseren Breiten drohende Gefahr ankündigt und somit als eine Art

„Stop-Zeichen" gilt, symbolisiert sie im Nahen Osten das Böse (vgl. Aykin & Milewski 2008: 47). Dass Rot in arabischen Ländern das Böse beziehungsweise Zerstörung symbolisiert, liegt darin begründet, dass in dieser Region Hitze das Leben bedroht, was sich in Ägypten beispielsweise dadurch äußert, dass „rotmachen" ein Synonym für töten ist (vgl. Bartel 2003: 51).

Die Farbe Gelb

Die Farbe Gelb ist in der westlichen Welt als Warnfarbe, als eine Vorstufe zur Farbe Rot, sowie auch als Farbe der Feigheit (vgl. ebd. 2008: 47), des Geizes, des Neides und der Gier bekannt (vgl. Moser 2012: 196). Im Nahen Osten hingegen hat die Farbe Gelb eine positive Bedeutung. Sie steht im Nahen Osten für Freude und Wohlstand (vgl. Aykin & Milewski 2008: 47) und wird im Islam mit Weisheit und Erleuchtung assoziiert (vgl. Bartel 2003: 75).

Die Farbe Grün

Im Falle des Nahen Ostens ist insbesondere die Farbe Grün wichtig, da diese als die Farbe des Islam gilt (vgl. Heimgärtner 2017: 280). Dieser Sachverhalt ist dadurch begründet, dass Grün einer Offenbarung Gottes nach die Farbe des Paradieses sei und dass Grün zudem die Lieblingsfarbe des Propheten Mohammed war (vgl. Bartel 2003: 68). Mohammed trug ein grünes Gewand und zog mit der grünen Fahne in den Krieg (vgl. Braem 2012: 101). Diese grüne Fahne, die „Sandschak-i-Scherif" ist die kostbarste Reliquie des Islam (vgl. Bartel 2003: 68). Grün ist auch die Farbe der arabischen Liga, steht für das „ewige" Leben in der Wüste und ist im Islam durchgehend positiv besetzt (vgl. ebd.). Aus diesen Gründen ist die Farbe Grün bei Muslimen positiv besetzt.

Die Farbe Blau

Blau gilt im Orient als Farbe des Himmels sowie der positiven Geister, was sich dadurch äußert, dass Türen und Fensterrahmen blau gestrichen werden, um die guten Geister auf seine Seite zu lenken (vgl. Braem 2012: 57).

4.4.1 Wertvorstellungen des Nahen Ostens

In den Ländern der arabischen Welt, insbesondere in den Golfstaaten, wo die Einhaltung des islamischen Rechtes von staatlicher Seite streng überwacht wird, sind einige religiöse Besonderheiten zu beachten (vgl. Emrich 2014). Für bestimmte Gegenstände, beispielsweise Artikel, die mit Glücksspiel in Verbindung stehen oder alkoholhaltige Produkte, gilt ein absolutes Verkaufsverbot (vgl. ebd.). Wenngleich in islamischen Ländern Kleidungsvorschriften für Frauen gelten, so zeigte die eigene Recherche auf E-Commerce-Webseiten aus dem Nahen Osten wie beispielsweise den Marktplätzen Mrbabu.com und Letouch.net aus Kuwait sowie Souq.com, eines erfolgreichen Shopping-Portals aus den Arabischen Emiraten, das 2017 von Amazon übernommen wurde, dass freizügige Kleidung auf Artikeldetailseiten kein Problem darstellt. So findet man auf diesen Marktplätzen beispielsweise auch Models in Bademode aller Art. Dies ergibt durchaus Sinn, da Frauen in einigen Ländern im Nahen Osten zwar in der Öffentlichkeit strenge Kleidungsvorschriften beachten müssen, nicht jedoch zuhause oder bei Anlässen, die nur von Frauen besucht werden. So präsentieren modebewusste Frauen ihre meist westlichen Kleidungsstücke gerne im privaten Kreis (vgl. Bender 2016). Abbildung 5 zeigt den Onlineshop Letouch.net aus Kuwait im Bereich, der ohne Scrollen nach unten sichtbar ist, was auch als Bereich „oberhalb der Falz" bezeichnet wird. Die Frauen tragen keine Kopfbedeckung und körperbetonte, wenngleich nicht freizügige Kleidung. T-Shirts traten allerdings erst „unter der Falz" in Erscheinung. Auf Unterwäsche oder Bademode auf der Startseite sollte kulturbedingt verzichtet werden.

Abb. 5 – Startseite von Letouch.net

4.4.2 Die Bedeutung von Symbolen

Als Symbole bezeichnet man Worte, Gesten, Bilder oder Objekte, die in einer Kultur eine bestimmte Bedeutung haben, welche von Angehörigen der gleichen Kultur als solche erkannt wird (vgl. Hofstede 2011: 8). Aufgrund eines unterschiedlichen Weltverständnisses der Kulturen können ein- und dasselbe Symbol je nach Kulturkreis gegensätzliche Bedeutungen innehaben (vgl. Eltz 2011: 59).

4.4.3 Gesten und Symbolträger: Kulturspezifik des Nahen Ostens

Im Folgenden wird angeführt, welche Symbole im Nahen Osten positiv besetzt sind beziehungsweise welche man vermeiden sollte sowie deren Bedeutung:

Positiv besetzte Symbole:

Einheimische Tiere wie Pferde, Kamele und Falken sowie die Nacht und die Wüste symbolisieren Anmut, Würde und Erhabenheit, während das arabische Schwert sowie Öl für Macht und Fortschritt stehen (vgl. Lugmani et al. 1989: 65).

24

Der Halbmond ist ein sehr verbreitetes Symbol für den Islam und wird insbesondere im Zusammenhang mit dem Fastenmonat Ramadan oft verwendet (vgl. Bräuhofer & Krutzler 2017: 8). Wenngleich nicht so populär wie der Halbmond, erfreuen sich Laternen immer größerer Beliebtheit, da sie ebenso den Abend beziehungsweise die Nacht symbolisieren, welche insbesondere im Zusammenhang mit dem Fastenbrechen im Ramadan eine Rolle spielt (vgl. Bräuhofer & Krutzler 2017: 9). Bezüglich Speisen sind insbesondere Bilder von Tee aus arabischen Teekannen beziehungsweise Teegläsern sowie von Datteln beliebt, welche die erste Nahrung darstellen, die man beim Fastenbrechen im Ramadan zu sich nimmt (vgl. Istizada.com: 2018).

Negativ besetzte Symbole:
Schuhe werden als schmutzig betrachtet und es wird als negativ angesehen, wenn man dem Gegenüber seine Fußsohlen zeigt (vgl. Gammell 2008). So dürfen religiöse Texte oder Symbole niemals mit Schuhen oder gar Fußmatten in Verbindung gebracht werden, wie vor 2 Jahren geschehen, wo Fußmatten mit dem Wort „Allah" auf arabisch auf Amazon angeboten werden, bis eine erfolgreiche Online-Petition empörter Muslime dazu führte, dass dieser Artikel aus dem Sortiment genommen wurde (vgl. Rt.com 2016).

Es gibt auch einige Tiere, die im Islam als unrein angesehen werden und somit nicht auf einer Website abgebildet werden sein sollten. Wenngleich im Koran keine direkte negative Referenz bezüglich Hunden steht, so wird überliefert, dass Mohammed keine Hunde mochte, wobei zudem bei einigen der Glauben verbreitet ist, dass schwarze Hunde fleischgewordene Dämonen verkörpern (Foltz 2006: 115). Dass Schweine im Islam als unrein angesehen werden, ist weitläufig bekannt, wobei hier im Gegensatz zu Hunden diese Ansicht im Koran nachzulesen ist (vgl. ebd.: 116 ff.).

Manche Werbetreibende oder Organisationen haben das Bestreben, ihr Webportal in der Zielsprache, im Falle das Nahen Ostens Arabisch, zu betreiben.

Daher kommt man nicht umhin, sich mit entsprechenden Zeichensätzen beziehungsweise Zeichencodierung sowie passenden Schriftarten zu beschäftigen, um die angemessene Darstellung und Verarbeitung der Zielsprache zu gewährleisten (vgl. Heimgärtner 2017: 281).

4.5.1 Empfohlene Zeichenkodierung für arabische Schrift

Zum besseren Verständnis erfolgt in diesem Kapitel eine kurze Definition der Begriffe Zeichenkodierung beziehungsweise Zeichensatz, da davon ausgegangen wird, dass diese Begriffe im Gegensatz zum Begriff der Schriftart weniger geläufig sein dürften.

Zeichenkodierung / Zeichensatz

Maschinen können nicht direkt mit Zeichen aus den verschiedenen Schriftsystem der Menschen operieren, was zur Folge hat, dass jedes Zeichen einem binären Wert zugeordnet wird (vgl. ebd.: 282). Bei einer Zeichenkodierung handelt es sich somit eine eindeutige Abbildung von Zeichen auf binäre Muster beziehungsweise im Fall einer länderspezifischen Anpassung einer Benutzeroberfläche um die Angabe, welche Tabelle Anwendung finden muss, um die Werte einer länderspezifisch kodierten Zeichenkette korrekt darzustellen (vgl. Hofer & Fischer 2008: 958). Als Zeichensatz wird die Gesamtheit aller in einer Sprache verwendeten Buchstaben, Ziffern und Symbole bezeichnet (vgl. ebd.).

Im arabischen Raum wird der Zeichensatz ISO 8859-6 verwendet (vgl. Heimgärtner 2017: 278). In diesem Zeichensatz wird jedem Buchstaben ein ISO-Zeichen zugewiesen, wobei darauf hingewiesen wird, dass der Zeichensatz ISO 8859-6 mit den anderen durch die ISO 8859-Familie abgedeckten Zeichensätzen wie beispielsweise Europäisch oder Kyrillisch nicht kompatibel ist, da es sich um einen 8-Bit-Zeichensatz handelt (vgl. Amara & Portaneri 1996: 127 ff.). Dies hat zur Folge, dass die in einem arabischen

Zeichensatz gespeicherten Daten nicht auf einem regulären ISO 8859-1-System angezeigt werden können, wobei dieses Problem mittels des erweiterten Standards Unicode behoben werden kann (vgl. ebd.), der im Folgenden näher beschrieben wird.

Unicode / UTF-8

Bei Unicode handelt es sich um einen globalen Standard, welcher sämtliche Zeichen aller lebenden sowie toten natürlichen Sprachen in einem einzigen Zeichensatz abbildet, was system-, programm- sowie sprachunabhängig erfolgt (vgl. Hofer & Fischer 2008: 875). In Unicode erhält jedes Zeichen neben einer Nummer eine eindeutige Beschreibung, wobei ebenfalls erlaubte Folgezeichen sowie die in der betreffenden Kultur geltende Leserichtung definiert werden (vgl. ebd.).

Unicode bildet folglich eine einheitliche Grundlage für den Umgang mit Zeichensätzen nahezu aller Sprachen und löst Darstellungsprobleme, welche auftreten können, wenn unterschiedliche Zeichensätze in ein- und demselben Dokument vorhanden sind (vgl. Heimgärtner 2017: 282).

Die Verwendung von UTF-8, einer der möglichen Kodierungen von Unicode (vgl. Hofer & Fischer 2008: 886), wird im Web empfohlen, da diese Kodierung in der Lage ist, Fehler besser als andere Kodierungen zu verarbeiten (vgl. Sikos 2014: 41).

Diese Empfehlung geht auch aus einem vom W3C-Konsortium, dem Gremium zur Standardisierung der Techniken im World Wide Web, veröffentlichten Paper hervor, welches sich speziell dem Thema Webstandards in Verbindung mit arabischer Schrift widmet (vgl. Afshar et al. 2018).

In diesem Kontext erscheint noch erwähnenswert, dass die Implementierung von UTF-8 alleine noch keine fehlerfreie Darstellung gewährleistet. Wenn die Schriftart und der Zeichensatz nicht zusammenpassen, kommt es zu Darstellungsfehlern, so dass grundsätzlich immer darauf geachtet werden muss, dass die bevorzugte Schriftart den verwendeten Zeichensatz darstellen kann (vgl. Heimgärtner 2017: 283).

Eine Besonderheit der arabischen Schrift besteht darin, dass die Zeichen abhängig vom Kontext der umgebenen Zeichen unterschiedlich geschrieben werden, wie in Abb. 6 ersichtlich ist.

isoliert   initial   mittig   final

Abb. 6 – Unterschiedliche Schreibweise arabischer Buchstaben je nach Kontext

In den Anfängen des Internet waren die wenigen verfügbaren arabischen Schriftarten insbesondere aus dem oben angeführten Grund mit Fehlern überhäuft, was Mohamed Gaber, einen Gestalter aus Kairo, angesichts des rapiden Anstiegs der Internetnutzer im arabischen Sprachraum dazu veranlasste, kostenlose Webfonts zu entwickeln, welche die arabische Schrift fehlerfrei wiedergeben (vgl. Google Fonts 2018).

Drei von ihm entwickelte Schriftarten, El Messiri, Lemonada sowie Cairo sind zugleich die am weitesten verbreiteten arabischen Schriftarten bei Google Fonts, wobei bei Google Fonts mittlerweile insgesamt mehr als 14 arabische Schriftarten verfügbar sind, welche in mehrsprachigen Dokumenten problemlos mit den jeweiligen passenden lateinischen Buchstaben kombiniert werden können (vgl. ebd.).

4.5.3 Leserichtung im arabischen Sprachraum - Bidirektionaler Algorithmus

Wie bereits in Kapitel 4.2.2 im Zusammenhang mit der Navigation erwähnt, erfolgt die Leserichtung im arabischen Sprachraum von rechts nach links. Zahlen hingegen werden von links nach rechts gelesen (vgl. Amara & Portaneri 1996: 130 f.).

Beim Unicode-Bidi-Algorithmus oder Unicode Bidirectional Algorithm handelt es sich um einen Algorithmus zur Darstellung von Texten, die Zeichen aus Schriften mit der Leserichtung von rechts nach links sowie mit der umgekehrten Leserichtung enthalten (vgl. Afshar et al. 2018).

Ohne detailliert auf die einzelnen Schritte dieses Algorithmus eingehen zu wollen, soll an dieser Stelle erwähnt werden, dass zuerst die Leserichtung des jeweiligen Absatzes ermittelt wird, sprich ob dieser von links nach rechts oder in der Gegenrichtung gelesen wird und der Text in anschließend in Ebenen unterteilt wird (vgl. Afshar et al. 2018).

Diese Ebenen werden dann je nach Leserichtung des Absatzes in der entsprechenden Reihenfolge angezeigt, wie in Abb. 7 ersichtlich (vgl. ebd.).

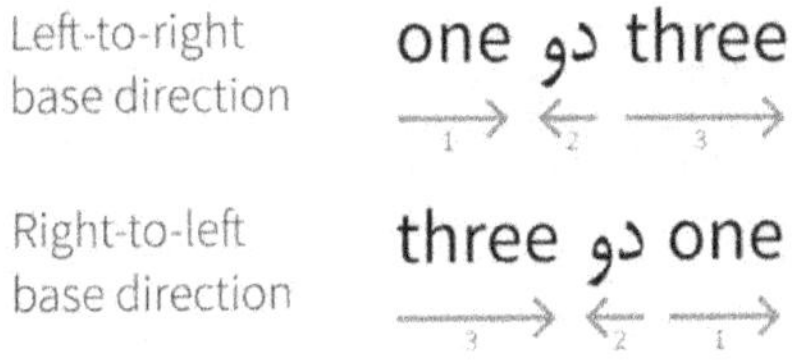

Abb. 7 – Bidirektionaler Algorithmus - Reihenfolge der Wörter je nach Leserichtung

4.5.4 Ladezeiten optimieren durch Subsetting

Um den Sinn des Subsetting besser nachvollziehen zu können, erfolgt an dieser Stelle eine kurze Erklärung des Begriffs der Glyphe:

Glyphe

In der Typographie beschreibt eine Glyphe die grafische Darstellung eines Silbenzeichens beziehungsweise eines Schriftzeichens in einem Schriftsystem (vgl. Beinert 2017).

Wie bereits in Kapitel 4.5.2 erwähnt, erfreuen sich Webfonts auch im arabischen Raum großer Beliebtheit. Da Webfonts jedoch geladen werden müssen, wird es für sinnvoll erachtet, die in einem Dokument nicht benötigten Glyphen durch Subsetting zu entfernen, um Ladezeiten einzusparen (vgl. Boss & Cranford Teague 2017: 59).

Dieser Grundsatz gilt umso mehr für nicht-westliche Zeichensätze wie asiatische Sprachen oder im Fall des Nahen Ostens Arabisch, da diese aufgrund deren Vielzahl an Glyphen ohne Subsetting statt weniger Kilobytes mehrere MB groß sein können, so dass Subsetting hierbei unerlässlich ist (vgl. Pamental 2014: 41).

5. Internetnutzung und E-Commerce-Websites im Nahen Osten

Im Folgenden wird das mittlerweile immer bedeutender werdende Thema Mobile Commerce sowie dessen Bedeutung für Nutzer aus dem Nahen Osten erörtert.

5.1 Entwicklung des Mobile-Commerce

Mobile Commerce bezeichnet den Austausch von Waren und Dienstleistungen, ebenso aber auch Informations- sowie Kommunikationsprozesse zwischen Verbrauchern und Unternehmen über Mobilgeräte, wobei zwecks der Abgrenzung zum klassischen, „stationären" E-Commerce das Notebook von der Definition der Mobilgeräte explizit ausgeschlossen wird (vgl. Heinemann 2012: 3).

In den letzten Jahren entwickelten sich Smartphones zum primären Kommunikationsmittel, was dazu führt, dass der Verkauf von Desktop-PCs, Laptops sowie Tablets mittlerweile drastisch sinkt (vgl. Thesmann 2016: 250).

Die weltweite Nutzung des mobilen Internets hat sich in den letzten fünf Jahren fast verzehnfacht, wobei von insgesamt 3,77 Mrd. Internetnutzern mittlerweile mehr als 3,44 Mrd., also knapp 90 %, das mobile Internet nutzen (vgl. Heinemann 2018: 1 f.).

Die Vorteile der mobilen Internetnutzung beziehungsweise des Mobile Commerce liegen sprichwörtlich auf der Hand: Jeder Konsument hat das Smartphone als ständigen Begleiter dabei und die Übertragungstechnologie wird immer besser (vgl. Heinemann 2012: 3, 29).

5.2 Internetnutzung im Nahen Osten

Aufgrund der politisch instabilen Lage in einigen Ländern existiert innerhalb der Region des Nahen Ostens bezüglich der Internetnutzung eine große Kluft: Während die Internetnutzung innerhalb der Bevölkerung in den Golfstaaten wie den Vereinigten Arabischen Emiraten mit 98,4, Quatar mit 98,1 sowie Bahrain mit 98 Prozent sehr hohe Werte aufweist, liegen Länder wie der Iran oder Oman mit 69,1 beziehungsweise 68,5 Prozent im Mittelfeld wohingegen Syrien mit 33 und der Yemen mit nur 24,3 Prozent im unteren Bereich liegen (vgl. Internet World Stats 2018).

Generell schreitet das Wachstum im Bereich der IT und Kommunikationstechnologie im Nahen Osten in den letzten Jahren jedoch schneller voran als in anderen Teilen der Welt (vgl. Sabbagh et al. 2012: 8). Während im Jahr 2010 nur ca. 83 Millionen Nutzer aus dem arabischen Sprachraum online waren, waren es 2016 bereits 162 Millionen, was einer Verdoppelung der Nutzerzahl binnen 6 Jahren entspricht (vgl. International Telecommunications Union 2016).

Dieses schnelle Wachstum ist vor allem demographisch begründet, da die sogenannte „Arab Digital Generation" (ADG), welche aus technik-affinen Nutzern zwischen 15 und 35 Jahren besteht, im Nahen Osten über 40 Prozent der Bevölkerung ausmacht und deren Anteil an der Bevölkerung des Nahen Ostens immer weiter ansteigt (vgl. ebd.: 11).

5.2.1 Mobiles Internet im Nahen Osten

Aufgrund dessen, dass in vielen Regionen keine Breitband-Infrastruktur existiert, greifen viele Nutzer im Nahen Osten auf das mobile Internet zurück (vgl. GSM Association 2017: 3).

Wie bereits dargelegt, sind die Golfstaaten bezüglich der Internetnutzung Spitzenreiter. In den Vereinigten Arabischen Emiraten beispielsweise äußert sich die Dominanz des Smartphones bei Internetnutzern dadurch, dass die Regierung im Juni 2013 beschloss, den Namen ihrer E-Government-Initiative in M-Government umzubenennen – ein eindeutiges Zeichen dafür, dass diese Dienstleistungen auf Nutzer von Smartphones abzielen, die die Regierung rund um die Uhr auf dem Smartphone konsultieren können (vgl. Emirates247.com 2013).

In Saudi Arabien besitzen 95 Prozent der Bevölkerung ein Mobilgerät, wobei auf 10 Personen 18 Mobilgeräte kommen (vgl. Alsenaidy & Tauseef 2012: 6). Zum Vergleich liegt laut des Jahresberichts der Bundesnetzagentur für 2017 die Anzahl der Mobilfunkanschlüsse in Deutschland pro 100 Einwohnern bei 163,1, was bedeutet, dass hierzulande auf 10 Personen 16 Mobilgeräte kommen (vgl. Bundesnetzagentur 2017). Die Abweichung von Saudi Arabien erscheint hierbei nicht hoch, wobei man allerdings bedenken sollte, dass die hierzu vorgestellte Studie von Alsenaidy & Tauseef bereits aus dem Jahr 2012 stammt und die Anzahl der Mobilfunkanschlüsse stetig ansteigt. Es steht jedoch fest, dass die Vereinigten Arabischen Emirate sowie Saudi Arabien im Hinblick auf die Nutzung des mobilen Internets im direkten Vergleich deutlich vor Deutschland an der Weltspitze stehen, wie Abb. 8 verdeutlicht (vgl. We Are Social 2018).

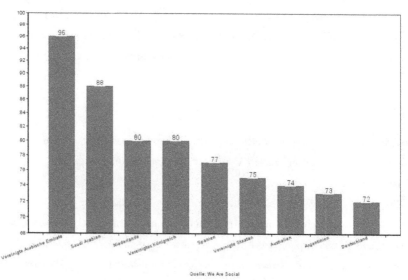

Abb. 8 – Mobile Internetnutzer in Prozent

Es sollte in diesem Kontext auch nicht unerwähnt bleiben, dass die Golfstaaten unter den ersten Staaten sein werden, in denen 5G-Netzwerke eingeführt werden, wobei die Einführung von 5G in den Vereinigten Arabischen Emiraten bereits für 2019 beziehungweise in Qatar für 2020 geplant ist (vgl. GSM Association 2017: 3).

Wie bereits unter Punkt 4.5.3 erläutert, hat das mobile Internet, welches weltweit rapide an Bedeutung gewinnt, im Nahen Osten einen besonders hohen Stellenwert. Somit ist es bei der Konzeption eines Webportals für Nutzer aus dem Nahen Osten umso wichtiger, die Website responsiv umzusetzen. Responsives Webdesign bedeutet, dass sich eine Website flexibel an die vorliegende Bildschirmgröße anpasst (vgl. Jacobsen & Meyer 2017: 74). Dies wird technisch mittels sogenannter CSS-Media-Queries umgesetzt, mittels derer das Layout bei einer geringeren Bildschirmbreite umbricht und als Konsequenz dessen beispielsweise vorher nebeneinander befindliche Elemente untereinander angezeigt werden (vgl. Wenz & Hauser 2015: 163 f.).

Zusammenfassend lässt sich festhalten, dass responsives Webdesign inzwischen unabdingbar geworden ist (vgl. Jacobsen & Meyer 2017: 74), wobei dies wie bereits erläutert umso mehr für den Nahen Osten gilt.

Wenngleich sich diese Arbeit dem Thema der Konzeption eines Webportals widmet, so soll das auch im Nahen Osten immer mehr an Bedeutung gewinnende Thema des Social Commerce hier zumindest kurz angerissen werden, da eine Website grundsätzlich auch als Schnittstelle zu anderen Kanälen fungieren kann.

Zudem handelt es sich beim Nahen Osten um eine Region, welche über die am schnellsten ansteigende Anzahl an Nutzern von in Facebook eingebundenen Videos verfügt: Pro Kopf konsumieren im Nahen Osten doppelt so viele Menschen diese Videos als der durchschnittliche Nutzer weltweit (vgl. Dubaiprnetwork.com 2015).

Gemäß einer Studie der „Northwestern University" in Quatar nutzen 8 von 10 Internetnutzern im Nahen Osten Facebook und Whatsapp, so dass diese als die führenden Social Media Kanäle angesehen werden können, wobei in Quatar selbst nur 20% der Internetnutzer Facebook nutzen und eher zu Instagram und Snapchat tendieren (vgl. Dennis et al. 2016: 10). Gerade Snapchat ist in den konservativen Golfstaaten neben Facebook bei weiblichen Nutzern sehr beliebt, da die hier geposteten Bilder kurz nach dem Ansehen automatisch gelöscht werden, so dass ein unkontrolliertes Teilen dieser persönlichen Inhalte und eventuelle hiermit verbundene Unannehmlichkeiten vermieden werden können (vgl. Zayani 2018: 6). Dass die Saudis mit 2,4 Millionen zu weltweit aktivsten Twitter-Nutzern zählen, ist ebenfalls nicht verwunderlich (vgl. Dubai School of Government 2014): Junge Männer und Frauen aus Saudi Arabien können über Twitter die sonst strikte Trennung der Geschlechter umgehen und einen lockeren Umgang miteinander pflegen, der in Saudia Arabien in der Öffentlichkeit nicht toleriert wird (vgl. Zayani 2018: 7). Es soll auch nicht gänzlich unerwähnt bleiben, dass Twitter in Saudi Arabien als Sprachrohr der Frauenbewegung genutzt wird, die sich insbesondere für eine Abschaffung des Systems der männlichen Vormundschaft einsetzt (vgl. ebd.: 7).

5.3 Chancen und Herausforderungen bezüglich des E-Commerce im Nahen Osten

E-Commerce hat aus denselben Gründen wie überall auf der Welt auch im Nahen Osten an Bedeutung gewonnen: Güter sind in größerer Auswahl jederzeit verfügbar, geographische Grenzen spielen keine Rolle und man muss das Haus nicht mehr verlassen, um Einkäufe zu tätigen (vgl. Zakaria 2018: 145).

Im Zusammenhang mit E-Commerce treten im Nahen Osten jedoch einige Herausforderungen zu Tage. Die größten Barrieren bezüglich des Wachstums des E-Commerce im Nahen Osten ist die Angst potentieller Kunden bezüglich der Sicherheit von Online-Transaktionen, welche Menschen daran hindert, Kreditkarten als Zahlungsmittel einzusetzen sowie die geringe Verbreitung von Kreditkarten in bestimmten Regionen des Nahen Ostens (vgl. Shovlowsky 2014).

Dieses mangelnde Vertrauen äußert sich dadurch, dass 70 bis 80 Prozent der über das Internet bestellten Artikel per Nachnahme bezahlt werden (vgl. Stallmann & Wegner 2015: 94).

Eine weitere Hürde liegt darin begründet, dass im Nahen Osten als kollektivistischer Kulturkreis sehr viel Wert auf persönliche Kommunikation von Angesicht zu Angesicht gelegt wird, welche für Geschäftsbeziehungen essentiell ist (vgl. Zakaria 2018: 146). So ist es in dieser Region gebräuchlich, auf traditionellen Märkten, sogenannten „Souks", Preise mit den Verkäufern zu auszuhandeln, was einer Eins-zu-

Eins-Beziehung mit dem Händler und dem Kunden entspricht, welche auf Loyalität seitens des Käufers auf der einen und einem freundlichen Umgang mit diesem seitens des Händlers auf der anderen Seite basiert (vgl. ebd. 144 ff.).

Selbst wenn jedoch einige Araber noch skeptisch sind, was E-Commerce-Transaktionen angeht, sollte man dennoch umgekehrt die Chancen durch den sogenannten Research Online Purchase Offline-Effekt (ROPO) nicht unterschätzen.

Der ROPO-Effekt besagt, dass Kunden oft im Internet nach Informationen über bestimmte Artikel suchen, bevor sie anschließend einen Kauf in einem stationären Geschäft vornehmen (vgl. Heinemann 2012: 36).

Angehörige der ADG verbringen viel Zeit damit, sich online mit Firmen und deren Marken zu beschäftigen, Informationen über deren Produkte sowie Angebote einzuholen und sich ihre Meinung über Produkte und Dienstleistungen zu bilden, was, wenngleich oft ein generelles Misstrauen bezüglich Onlinekäufen besteht, die Kaufentscheidung von Produkten im stationären Einzelhandel stark beeinflusst (vgl. Sabbagh et al. 2012: 41).

Hieraus lässt sich folgern, dass eine regional angepasste Internetpräsenz für Unternehmen, die Produkte im stationären Einzelhandel im Nahen Osten anbieten, auch unabhängig von einem Onlineshop lohnenswert sein kann.

Der obige Exkurs im Zusammenhang mit dem ROPO-Effekt soll im Umkehrschluss jedoch nicht bedeuten, dass eine auf Kunden im Nahen Osten aus E-Commerce-Plattform an sich wenig Erfolgspotential hat, sondern stellt lediglich eine interessante Alternative für Unternehmen dar, die ihre Produkte und / oder Dienstleistungen nicht online verkaufen wollen oder können.

Im folgenden Kapitel widmet sich die vorliegende Arbeit der Frage, welche kommerziellen Websites im Nahen Osten beliebt sind beziehungsweise wie deren Oberfläche aufgebaut ist, was einen weiteren Schritt hinsichtlich des Aufbaus des anschließend durchgeführten Mock-ups mit dem Tool Axure darstellt.

Hierzu wurden zwei populäre E-Commerce-Seiten untersucht, welche sowohl eine arabische als auch eine internationale englischsprachige Version aufweisen.

Kurzvorstellung Namshi.com

Namshi.com ist ein Online-Modeportal für Frauen, Männer und Kinder, welches über eine große Vielfalt an internationalen Marken verfügt und vom Sortiment mit dem hierzulande erfolgreichen Portal Zalando verglichen werden kann. Namshi wurde 2012 von der Global Fashion Group, an welcher die Berliner Start-up-Schmiede Rocket Internet sowie der schwedische Investor Kinnevik beteiligt sind, für den arabischen Markt gegründet (vgl. Gründerszene 2018), wobei 2017 51 Prozent des Unternehmens Namshi für 151 Millionen Dollar an das arabische Unternehmen Emaar Malls verkauft wurden (vgl. t3n 2017).

Kurzvorstellung Wadi.com

Der 2015 mit 67 Millionen Dollar Startkapital gegründete Online-Marktplatz Wadi bietet eine breite Palette von Produkten des täglichen Lebens wie Haushaltswaren bis hin zu Elektronik und Mode, wobei die Präsenz internationaler Marken im Sortiment stetig zunimmt (vgl. Arabianbusiness.com 2017). Wadi verfügt über ein eigenes aus 200 Lieferwaren bestehendes Liefernetzwerk in insgesamt 25 Städten in Saudi Arabien und den Vereinigten Arabischen Emiraten, um eine zeitnahe Zustellung der bestellen Waren zu gewährleisten. Wadi erreichte bis zum ersten Quartal 2017 eine Umsatzsteigerung von 200 Prozent (vgl. ebd.).

Besonderheiten der Gestaltung – arabische vs. internationale Variante

Sowohl bei Namshi.com als auch bei Wadi.com passt sich bei der jeweiligen arabischen Variante das Layout der Schreibrichtung von rechts nach links an, was dazu führt, dass die arabischen Varianten in vielen Bereichen Spiegelbilder der westlichen Variante darstellen. Bei beiden Seiten befindet sich das Logo bei der arabischen Variante rechts oben, während es sich bei der englischen Variante beider Seiten links oben befindet, wie bei den meisten westlichen Websites üblich. Beide Websites haben ebenfalls gemeinsam, dass sich der Einkaufswagen / die Einkaufstasche bei der arabischen Variante links befindet, während sich der Einkaufswagen / die Einkaufstasche bei der englischen Variante rechts befindet. Hinsichtlich des Icons des Einkaufswagens lässt sich auf Wadi.com beobachten, dass dieser bei der arabischen Variante spiegelverkehrt mit nach rechts zeigendem Griff angeordnet ist (siehe Abb. 12). Die Lupe, die sich bei der internationalen Variante rechts vom Suchfeld befindet, befindet sich konsequenterweise bei der arabischen Variante links davon, wobei das Lupenglas bei Namshi.com bei beiden Varianten jeweils dem Textfeld zugewandt ist, während dieses auch bei der Lupe sinnvoll erscheinende Detail deren Spiegelung bei Wadi.com nicht berücksichtigt wurde.

Beide Seiten verfügen über ein horizontales Menü, wobei bei Wadi.com lediglich die wichtigsten Menüpunkte im horizontalen Menü abgedeckt sind, da sich ein zusätzliches Drop-Down-Menü unter dem Logo befindet, welches folglich bei der englischen Variante links beziehungsweise bei der arabischen rechts befindlich ist. Die üblichen Bereiche wie der Login-Bereich sowie die Sprachauswahl befinden sich bei beiden Seiten ebenfalls bei der englischen Variante rechts beziehungsweise bei der arabischen links.

Diese spiegelbildliche Darstellung aufgrund der unterschiedlichen Leserichtung beeinflusst jedoch nicht nur die Darstellung der Menüpunkte und Navigationsicons, sondern ist konsequenterweise auch bei beiden Seiten bei der Gestaltung der Banner erkennbar. So sind Elemente wie der Hinweis „Limited Time Only" bei Sale-Artikeln auf Namshi.com sowie die Möglichkeit einer Ratenzahlung bei Wadi.com bei der englischen Variante links und bei der arabischen Variante rechts angeordnet, damit Sie dem Betrachter gleich auffallen.

Hieraus lässt sich der Schluss ableiten, dass die Leserichtung nicht nur bei der grundlegenden Konzeption des Layouts der Website Beachtung finden muss, sondern auch bei der Gestaltung der jeweiligen visuellen Elemente wie Banner berücksichtigt werden muss, sofern diese Texte enthalten (siehe Abb. 9 bis 12).

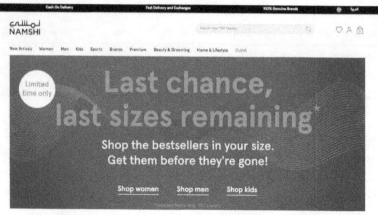

Abb. 9 - Englische Variante des Online-Modeportals Namshi.com

Abb. 10 – Arabische Variante des Online-Modeportals Namshi.com

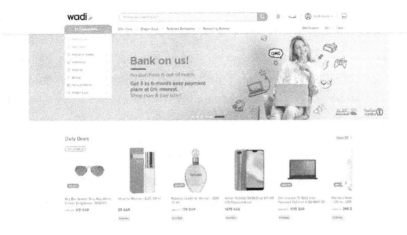

Abb. 11 - Englische Variante des Shoppingportals Wadi.com

Abb. 12 - Arabische Variante des Shoppingportals Wadi.com

6. Erstellung eines Mock-ups mit Axure

Basierend auf den in den vorhergehenden Kapiteln gewonnenen Erkenntnissen widmet sich das vorliegende Kapitel der Erstellung eines sogenannten Mock-ups, dessen Aufgabe darin besteht, zu visualisieren, wie ein auf Nutzer aus dem Nahen Osten zugeschnittenes Webportal beispielsweise konzipiert sein könnte.

Was man unter einem Mock-up versteht

Als Mock-up bezeichnet man den Prototyp einer Applikation oder Website, welcher lediglich das Erscheinungsbild sowie die Benutzerführung darstellt und darüber hinaus über keine Funktionalitäten verfügt (vgl. Aichele & Schönberger 2016: 20).

Vorstellung des erstellten Mock-ups

Im Folgenden wird das mit der Software Axure RP 8 erstellte Mockup des fiktiven Onlineshops „Fresh.com“ vorgestellt, welches in einer englisch- und arabischsprachigen Variante vorliegt.

Dem Adjektiv „fresh“ entspricht bei der arabischen Variante die arabische Übersetzung des Wortes „neu“, welches den Grundgedanken einer Website für „angesagte“ Kleidung, Elektronik und Haushaltsartikel widerspiegelt.

Wird die Sprache vom Nutzer mittels des entsprechenden Buttons geändert, so ändert sich nicht nur die Sprache sowie die Position der einzelnen Elemente je nach Leserichtung, sondern auch die visuellen Elemente wie Banner sowie das Logo selbst.

FRESH
your online store

جديد
your online store

Abb. 13 – Links Logo der internationalen, rechts der arabischsprachigen Variante des Mock-ups der E-Commerce-Website Fresh.com

Als Hauptnavigation wurde ein horizontal verlaufendes Menü gewählt, da dieses mittlerweile eine weltweit verbreitete Art der Navigation darstellt, welche auch auf arabischsprachigen Websites eingesetzt wird.

Basierend auf den in den vorhergehenden Kapiteln, insbesondere 4.5.2, gewonnenen Erkenntnissen bezüglich der „Best Practices" erfolgreicher Webportale für den Absatzmarkt des Nahen Ostens stellt die arabische Variante des Mock-ups aufgrund der Leserichtung von rechts nach links ein Spiegelbild der internationalen Version dar. Diese Spiegelbildlichkeit ist nicht nur darauf beschränkt, dass die Menüpunkte und Navigationsicons bei der arabischen Variante in der umgekehrten Richtung angeordnet sind als bei der internationalen Version. Auch der Pfeil neben dem Login-Symbol, welcher einen fiktiven Link auf einen Login mittels Facebook- oder Google-Account symbolisiert, befindet sich in der arabischen Version auf der linken anstatt der rechten Seite.

Bei genauerem Hinsehen fällt bei der arabischen Variante des Mock-ups zudem auf, dass durch die Leserichtung auch das Lupen-Icon der Suche in der arabischen Variante links statt rechts vom Suchfeld angeordnet ist und das Lupenglas jeweils auf das Suchfeld gerichtet ist. Dies trifft auch bezüglich des Icons des Einkaufswagens zu, welches sich am linken Rand befindet statt am rechten. Zudem ist der Einkaufswagen auch spiegelverkehrt zur internationalen Variante angeordnet, da dessen Griff aufgrund der von rechts ausgehenden Blickrichtung dem Betrachter zugewandt ist.

Diese durch den Blickverlauf von rechts nach links begründeten Details des vorliegenden Mock-ups sollten bei der Gestaltung eines arabischsprachigen Webportals in jedem Fall Berücksichtigung finden, um für Menschen aus dem arabischen Sprachraum ein möglichst angenehmes Benutzererlebnis gewährleisten zu können.

Unterhalb der Navigation befindet sich ein fiktives Banner als Beispiel für Möglichkeiten besonderer Angebote im Rahmen des Fastenmonats Ramadan, wobei der Ausspruch „Ramadan Kareem" wortwörtlich „großzügiger Ramadan" bedeutet, da besondere Angebote Werbetreibender den Kontext der Großzügigkeit des Ramadan widerspiegeln können (vgl. Bräuhofer & Krutzler 2017: 11). Eine Schilderung der Möglichkeiten für Werbetreibende anlässlich des Ramadan erfolgt im nächsten

Kapitel. Wenngleich sich die Sprache des Banners ändert, bleibt die Zahl 20% gleich, da Zahlen im Arabischen im Gegensatz zu Wörtern von links nach rechts gelesen werden.

Abb. 14 – Englischsprachiges Mock-up der E-Commerce-Website Fresh.com

Abb. 15 – Arabischsprachiges Mock-up der E-Commerce-Website Fresh.com

Abschließend erfolgt eine Gegenüberstellung der Unterschiede des Aufbaus der englischsprachigen und arabischsprachigen Varianten des Mock-ups im Detail:

Abb. 16 – Aufbau des englischsprachigen Mock-ups im Detail mit Anmerkungen

Abb. 17 – Aufbau des arabischsprachigen Mock-ups im Detail mit Anmerkungen

Anmerkung: Die Übersetzung der Texte ins Arabische erfolgte mit Hilfe einschlägiger Online-Lexika und wurde anschließend von einer arabischsprachigen Person auf Korrektheit geprüft.

7. Die Rolle des Ramadan als kulturspezifisches Ereignis im Nahen Osten

Der Effekt saisonaler Schwankungen auf den E-Commerce darf nicht unterschätzt werden (vgl. Voß 2015: 91). Daher erfolgt an dieser Stelle eine Übersicht der mit dem für die arabische Welt wichtigsten kulturspezifischen Ereignis, dem Fastenmonat Ramadan, in Verbindung stehenden Anlässen. Zudem bietet dieses Kapitel einen Leitfaden, wie Werbetreibende das Potential des Ramadan für muslimische Kunden gezielt nutzen können.

7.1 Der Wandel des Ramadan zu einem kommerziellen Feiertag

Dass der Fastenmonat Ramadan für Moslems ein bedeutendes Ereignis darstellt, ist hinlänglich bekannt. Er repräsentiert eine der fünf Säulen des Islam und ist somit für gläubige Moslems der wichtigste Monat des Jahres (vgl. Broszinsky-Schwabe 2017: 16,

175). Der Ramadan ist ein Zeitraum der spirituellen Reflexion und des Gebetes (vgl. Doole, Lowe, & Kenyon 2015: 93). Gläubige, die gesundheitlich dazu in der Lage sind, dürfen im Monat Ramadan, der sich aufgrund des beweglichen Mondkalenders jeweils um 10 bis 11 Tage verschiebt, von Sonnenaufgang bis Sonnenuntergang weder essen, noch trinken oder rauchen (vgl. Blaschke-Nacak & Hößl 2016: 189).

Mittlerweile ist allerdings ein Wandel von einem religiösen Monat zu einem kommerziellen Feiertag zu beobachten, welcher sich dadurch äußert, dass Firmen zu Marketingzwecken beispielsweise Fastenkalender oder Laternen mit ihren Logos verstehen und Restaurants sowie Hotels spezielle Feiern abhalten (vgl. Sandikei & Omeraki, o. J.: 2). Ramadan-Grußkarten, Verlosungen sowie mit Ramadan in Verbindung stehende spezielle Dekorationen in Einkaufszentren stellen ebenfalls keine Seltenheit mehr dar (vgl. ebd.).

7.2 Auswirkungen des Ramadan auf das Nutzerverhalten

Gemäß einer von Google im Jahr 2016 im Nahen Osten sowie in Nordafrika durchgeführten Studie konnten im Zusammenhang mit dem Ramadan signifikante Änderungen im Nutzerverhalten festgestellt werden, die im Folgenden aufgezählt werden (vgl. Google 2016: 2 ff.):

Auswirkungen auf das Betrachten von Video-Content
Da der Ramadan eine Zeit der Besinnung und der Familie darstellt, wird in der arabischen Welt während des Ramadan weniger Zeit am Arbeitsplatz verbracht, was darin resultiert, dass die Gläubigen mehr Zeit zur Verfügung haben, Videos anzusehen. So lässt sich ein deutlicher Anstieg des Konsums von Youtube-Videos während dieses Monats verzeichnen.

Steigende Anzahl der Suchanfragen
Auch die Anzahl der Suchanfragen nimmt deutlich zu, in den Golfstaaten haben sich diese beispielsweise während des Ramadan 2015 fast verdoppelt, wobei insbesondere besondere Angebote im Rahmen des Ramadan Gegenstand der Suche waren.

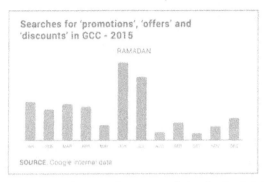

Abb. 18 – Erhöhtes Suchvolumen der Keywords „Promotions", „Angebote" und „Rabatte" bei Google
während des Ramadan

Mehr Zeit am Handy

Dass Mobile Commerce gerade im Nahen Osten einen hohen Stellenwert hat, wurde in Kapitel 4.3.3 bereits angeführt. So wird das Handy während des Ramadan zu 5 Prozent häufiger genutzt, was bei der ohnehin hohen Nutzung von Mobilgeräten in den Golfstaaten einigen Millionen zusätzlicher mobiler Suchanfragen während des Ramadan gleichkommt.

Die auf interne Daten von Google basierenden Beobachtungen, die aufzeigen, dass die Internetnutzung während des Ramadan höher ist, werden auch im Buchteil „Advertising in the Middle East and Western Asia" bestätigt, wonach Menschen während des Fastenmonats bis in die späten Abendstunden hinein mehr Zeit online verbringen als sonst üblich (vgl. Jazani 2017: 150).

Mobile Facebook-Ads konvertieren häufiger

Die gesteigerte Nutzung von Mobilgeräten während des Ramadan spiegelt sich auch bei Facebook wider. Einem Artikel des Magazins „Arabian Business" zufolge zeigen Facebook-interne Daten auf, dass während des Ramadan die mobile Konversionrate 4,8 mal so hoch ist wie während des restlichen Jahres (Arabianbusiness.com: 2018).

Im Folgenden werden wichtige im Zusammenhang mit dem Ramadan stehende Anlässe sowie sich hieraus ergebende Möglichkeiten der Umsatzsteigerung aufgeführt:

Zeitraum vor Beginn des Ramadan

Es wird angeraten, bereits im Vorfeld gezielt für Angebote und Aktionen im Zusammenhang mit dem Ramadan zu werben, wobei eine Vorlaufzeit von mindestens 2 Monaten bei der Werbeplanung empfohlen wird (vgl. Bräuhofer & Krutzler 2017: 8). Ein Beispiel für eine gelungene Werbemaßnahme stellt eine vor Beginn des Ramadan gestartete Youtube-Kampagne des Unternehmens Betty Crocker in den Vereinigten Arabischen Emiraten dar, wo 30 Ramadan-Kuchenrezepte entsprechend der 30 Tage des Ramadan vorgestellt wurden (vgl. Google 2016: 6 f.). Diese Kampagne erhielt während des Ramadan 2015 insgesamt 5 Millionen Views (vgl. ebd.).

Abb. 19 – Erfolgreiche Videokampagne zum Beginn des Ramadan von Betty Crocker aus dem Jahr 2015

Fastenbrechen/Iftar

Das Fastenbrechen, auch als Iftar bezeichnet, wird gerne in Gesellschaft anderer Gläubiger gefeiert und findet jeden Abend nach Sonnenuntergang statt, nachdem es mit einem Gebet eingeleitet wurde, wobei durch das feierliche Fastenbrechen im Kreis der Familie insbesondere der Konsum von Delikatessen während des Ramadan zunimmt (vgl. Bräuhofer & Krutzler 2017: 7, 12).

Zuckerfest/Eid-al-Fitr

Das Fest des Fastenbrechens, mit dem die 30-tägige Fastenzeit ihren Abschluss findet, kann in seinem Stellenwert mit dem christlichen Ostern oder Weihnachten verglichen werden (vgl. ebd.).

Hierbei wird das Ende der anstrengenden Fastenzeit mit der Familie sowie im Verwandten- und Bekanntenkreis mit üppigem Essen und Süßigkeiten gefeiert, wobei die Feierlichkeiten über mehrere Tage hinweg stattfinden (vgl. Blaschke-Nacak & Hößl 2016: 190).

Gerade gegen Ende des Ramadan sind viele Menschen auf der Suche nach Geschenken und Kleidung zu diesem Anlass, wie die folgende Grafik aus Google Trends mit Such-anfragen bezüglich Parfums sowie festlicher Kleidung aus Saudi Arabien und den Vereinigten Arabischen Emiraten deutlich zeigt (vgl. Google 2016: 8).

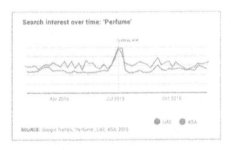 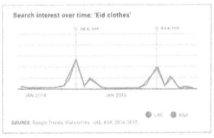

Abb. 20 – Erhöhtes Suchvolumen der Keywords „Parfüm" und „festliche Kleidung" bei Google gegen Ende des Ramadan

7.4 Geläufige Symbole des Ramadan

Zum Abschluss dieses Kapitels werden im Folgenden einige beliebte Symbole aufge-führt, welche mit dem Ramadan im Zusammenhang stehen und von Werbetreibenden als visuelle Elemente auf Websites oder im Rahmen von Anzeigen zum Einsatz kom-men können (vgl. Bräuhofer & Krutzler 2017: 8 f.):

Der Halbmond

Der muslimische Halbmond ist das mit Abstand am Häufigsten verwendete Symbol für Ramadan-Anzeigen, was auch den Hintergrund hat, dass der erste sichtbare Halbmond im Islam den Beginn eines jeden Monats einleitet (vgl. ebd.).

Datteln und Tee

Datteln sind ein wichtiger Bestandteil des Fastenbrechens im Rahmen des Ramadan, während Tee das wichtigste Getränk in muslimischen Kulturen darstellt, so dass auch Tee sowie Teekannen wichtig sind (vgl. ebd.).

Laternen

Laternen gelten ebenfalls als Symbole für die Nacht und sind im Bezug auf das Fastenbrechen beziehungsweise den Ramadan ebenfalls beliebt (vgl. ebd.).

Das folgende und finale Kapitel bietet einen Rückblick auf die erarbeiteten Ergebnisse sowie einen zukunftsorientierten Ausblick bezüglich der Region des Nahen Ostens.

8. Schlussbetrachtung und Ausblick

Der letzte Teil besteht aus einer Zusammenfassung der Ergebnisse der Recherche im Rahmen der Arbeit sowie aus einem Ausblick bezüglich der Region des Nahen Ostens.

8.1 Schlussbetrachtung

Die Fragestellung der vorliegenden Arbeit lautete, welche kulturellen Besonderheiten Unternehmen berücksichtigen müssen, um einer Zielgruppe aus dem Nahen Osten ein angenehmes Benutzererlebnis zu ermöglichen.

Nach einer anfänglichen Einführung in das Themengebiet der Usability sowie einer Vorstellung der Kulturdimensionen zeigte sich, dass sich die arabischen Länder von Deutschland insbesondere bezüglich einer deutlich höheren Machtdistanz und ihrer kollektivistischen Gesellschaftsstruktur unterscheiden. In diesem Kontext wurde aufgezeigt, auf welche Weise diese Unterschiede bei der Gestaltung einzelner Elemente der Benutzeroberfläche sowie der Navigation und Interaktion Berücksichtigung finden sollten.

Zusätzlich zur zentralen Fragestellung der kulturellen Anpassung eines Webportals wurden kulturübergreifende Gestaltgesetze und Konventionen vorgestellt, da diese die Grundlage jeder erfolgreichen Website bilden.

Abgesehen von kulturspezifischen Faktoren wie der Farbgebung sowie der Typographie stellt insbesondere die im arabischen Sprachraum bestehende Leserichtung von rechts nach links eine kulturelle Besonderheit von zentraler Bedeutung dar.

Die Recherche einiger Best-Practice-Beispiele zeigte, dass jedoch nicht nur die Menüpunkte spiegelverkehrte Varianten der englischsprachigen Version der jeweiligen Website darstellen, sondern dass die Leserichtung auch bei der Ausrichtung verschiedener Icons wie des Warenkorbes beachtet werden muss.

Zu guter Letzt wurde der Ramadan als wichtigster Feiertag in der Region des Nahen Ostens vorgestellt, wobei sich herausstellte, dass der Ramadan aufgrund des erhöhten Medienkonsums insbesondere im Bezug auf Rabattaktionen ein großes Potential für Werbetreibende birgt.

8.2 Ausblick

Einerseits herrscht im Nahen Osten seitens der Nutzer oft noch Skepsis bezüglich des sicheren Bezahlens im E-Commerce sowie in manchen Kreisen aufgrund des vorherrschenden Kollektivismus mangelnde Bereitschaft, Käufe über ein eher anonymes Medium wie das Internet abzuwickeln anstatt im persönlichen Dialog mit dem Verkäufer.

Andererseits jedoch handelt es sich bei der Region des Nahen Ostens, insbesondere hinsichtlich der Golfstaaten, um einen im Bereich IT und Telekommunikationstechnologie im Vergleich zur restlichen Welt im Rekordtempo wachsenden Markt, welcher bei Weitem noch nicht gesättigt ist. Werbetreibende sollten daher in Betracht ziehen, ihre Geschäfte auf den arabischen Raum auszuweiten, wobei die in der vorliegenden Arbeit gewonnenen Erkenntnisse hierbei eine Hilfestellung bieten können.

9. Literaturverzeichnis

Aaron Marcus and Associates, Inc. (2000). *Cultural Dimensions and Global Web UI Design.* Whitepaper.

Afshar, S., Esfahbod, B., Hajizadeh, M., & Tounsi, N. W3C. Abgerufen am 20. Juni 2018 von https://www.w3.org/TR/alreq/

Aichele, C., & Schönberger, M. (2016). *App-Entwicklung – effizient und erfolgreich.* Springer Vieweg.

Alsenaidy, A., & Tauseef, A. Researchgate. Abgerufen am 4. Juli 2018 von https://www.researchgate.net/publication/259609263_A_REVIEW_OF_CURRENT_STATE_M_GOVER NMENT_IN_SAUDI_ARABIA

Amara, F., & Portaneri, F. (1996). Arabization of Graphical User Interfaces. In E. M. del Galdo, & J. Nielsen, *International User Interfaces* (S. 127-150). John Wiley & Sons, Inc.

Arabianbusiness.com. Abgerufen am 4. Juli 2018 von https://www.arabianbusiness.com/startup/379191-e-commerce-start-up-wadi-says-operationally-profitable

Arabianbusiness.com. Abgerufen am 13. Juli 2018 von https://www.arabianbusiness.com/technology/395690-night-time-purchases-through-facebook-rise-nearly-80-percent-during-ramadan

Aykin, N., & Milewski, A. E. (2008). Practical Issues and Guidelines for International Information Display. In N. Aykin, *Usability and Internationalization of Information Technology* (S. 21-50). CRC Press.

Barber, W., & Badre, A. (1998). *Culturability: The Merging of Culture and Usability.* Graphics, Visualization & Usability Center/ Georgia Institute of Technology.

Bartel, S. (2003). *Farben im Webdesign.* Springer.

Beinert, W. (Juli 2017). Typolexikon.de. Abgerufen am 29. Juli 2018 von https://www.typolexikon.de/glyphe/

Bender, S. Welt.de. Abgerufen am 29. Juli 2018 von https://www.welt.de/icon/article156101680/Unter-der-Abaja-verstecken-sich-Nieten-Leder-Hotpants.html

Bernard, M. L. Researchgate. Abgerufen am 20. Juni 2018 von https://www.researchgate.net/publication/275455119_Developing_Schemas_for_the_Location_of_Common_Web_Objects

Blaschke-Nacak, G., & Hößl, S. E. (2016). *Islam und Sozialisation.* Springer VS.

Boniversum GmbH. Statista. Abgerufen am 12. Juni 2018 von https://de.statista.com/statistik/daten/studie/188839/umfrage/lieferung-der-produkte-deutscher-online-shops-ins-ausland/

Boss, S., & Cranford Teague, J. (2017). *The New Web Typography.* Independence, CRC Press.

Brücker, H. Institut für Arbeitsmarkt- und Berufsforschung der Bundesagentur für Arbeit. Abgerufen am 29. Juli 2018 von http://doku.iab.de/aktuell/2016/aktueller_bericht_1606.pdf

Bräuhofer, M. E., & Krutzler, J. brainworker.at. Abgerufen am 5. Juli 2018 von https://brainworker.at/wp-content/uploads/brainworker-Whitepaper_Ramadan-Marketing-und-HR-Guide.pdf

Braem, H. (2012). *Die Macht der Farben.* Wirtschaftsverlag LangenMüller/Herbig.

Broszinsky-Schwabe, E. (2017). *Interkulturelle Kommunikation.* Springer VS.

Bundesnetzagentur für Elektrizität, Gas, Telekommunikation, Post und Eisenbahnen. Jahresbericht 2017.

Dennis, E. E., Martin, J. D., Wood, R., & Saeed, M. (2016). *Media Use in the Middle East 2016 - A Six-Nation Survey*. Northwestern University in Qatar in Zusammenarbeit mit dem Doha Film Institute.

Doole, I., Lowe, R., & Kenyon, A. (2015). *International Marketing Strategy*. CENGAGE Learning.

Dubai School of Government. (2014). Arabsocialmediareport.com. Abgerufen am 5. Juli 2018 von http://www.arabsocialmediareport.com/Twitter/LineChart.aspx

Dubaiprnetwork.com. Abgerufen am 29. Juli 2018 von http://dubaiprnetwork.com/pr.asp?pr=99891

Eltz, L. v. (2011). *Sinn und Bedeutung des Symbols im Wandel der Zeit*. Traugott Bautz.

Emirates247.com. Abgerufen am 5. Juli 2018 von https://www.emirates247.com/news/government/mohammed-renames-dubai-e-government-department-2013-06-20-1.511278

Emrich, C. (2014). *Interkulturelles Marketing-Management*. Springer Gabler.

Foltz, R. (2006). *Animals in Islamic Traditions and Muslim Cultures*. Oneworld Publications.

Gammell, C. Telegraph.co.uk. Abgerufen am 8. Juli 2018 von https://www.telegraph.co.uk/news/worldnews/middleeast/iraq/3776970/Arab-culture-the-insult-of-the-shoe.html

Google. (2016). *Ramadan in MENA: The Digital Opportunity for Brands*. Paper.

Google Fonts. Design.google. Abgerufen am 5. Juli 2018 von https://design.google/library/modernizing-arabic-typography-type-design/

Gruenderszene.de. Abgerufen am 1. Juli 2018 von https://www.gruenderszene.de/business/global-fashion-group-umsatz-milliarde

GSM Association. Abgerufen am 1. Juli 2018 von
https://www.gsmaintelligence.com/research/?file=84935f5774975f3d35c8ed9a41b9c1a4&downloa
d

Hammer, N., & Bensmann, K. (2009). *Webdesign für Studium und Beruf - Webseiten planen, gestalten und umsetzen.* Springer.

Heimgärtner, R. (2017). *Interkulturelles User Interface Design - Von der Idee zum erfolgreichen Produkt.* Springer Vieweg.

Heinecke, A. M. (2012). *Mensch-Computer-Interaktion.* Basiswissen für Entwickler und Gestalter: Springer.

Heinemann, G. (2012). *Der neue Mobile-Commerce.* Springer Gabler.

Heinemann, G. (2018). *Die Neuausrichtung des App- und Smartphone-Shopping.* Springer Gabler.

Hofer, P., & Fischer, P. (2008). *Lexikon der Informatik.* Springer.

Hofstede, G. H. (2011). *Lokales Denken, globales Handeln: Interkulturelle Zusammenarbeit und globales Management.* Deutscher Taschenbuch Verlag.

Hoft, N. (1996). Developing a Cultural Model. In E. M. del Galdo, & J. Nielsen, *International User Interfaces* (S. 41-73). John Wiley & Sons, Inc.

International Telecommunications Union (ITU). Abgerufen am 4. Juli 2018 von
https://www.itu.int/en/ITU-D/Statistics/Pages/stat/default.aspx

Internet World Stats. Abgerufen am 4. Juli 2018 von https://www.internetworldstats.com/stats5.htm

Istizada.com. (2018). Abgerufen am 10. Juli 2018 von http://istizada.com/blog/the-ultimate-ramadan-marketing-guide/

Jacobsen, J. (2017). *Website-Konzeption.* dpunkt.verlag .

Jacobsen, J., & Meyer, L. (2017). *Praxisbuch Usability und UX*. Rheinwerk.

Jazani, R. S. (2017). Advertising in the Middle East and Western Asia. In R. Crawford, L. Brennan, & L. Parker, *Global Advertising Practice in a Borderless World* (S. 144-157). Routledge.

Krug, S. (2014). *Don't Make Me Think! Web & Mobile Usability - Das intuitive Web*. mitp Verlags GmbH.

Lugmani, M., Yavas, U., & Quraeshi, Z. (1989). Advertising in Saudi Arabia: Content and Regulation. *International Marketing Review, Vol. 6 Issue: 1, 6*(1), 59-72. Abgerufen am 29. Juli 2018 von https://www.emeraldinsight.com/doi/pdfplus/10.1108/EUM0000000001503

Marcus, A. (2008). User Interface Design and Culture. In N. Aykin, *Usability and Internationalization of Information Technology* (S. 51-78). CRC Press.

Meidl, O. (2014). *Globales Webdesign - Anforderungen und Herausforderungen an Globale Webseiten*. Springer Gabler.

Moser, C. (2012). *User Experience Design*. Springer Vieweg.

Nielsen, J. (2001). *Designing Web Usability*. Markt+Technik Verlag.

Niklas, S. (2014). Deutsche Gesellschaft für Informatik. Abgerufen am 10. Juni 2018 von https://dl.gi.de/handle/20.500.12116/5404

Pamental, J. (2014). *Responsive Typography : Using Type Well on the Web*. O'Reilly.

Renard, J. (2015). *The Handy Islam Answer Book*. Visible Ink Press.

Rt.com. Abgerufen am 10. Juli 2018 von https://www.rt.com/viral/368582-amazon-allah-doormat-offensive/

Sabbagh, K., Mourad, M., Kabbara, W., Shehadi, R. T., & Samman, H. (2012). *Understanding the Arab Digital Generation*.

Sandikei, O., & Omeraki, S. (o. J.). *Islam in the Marketplace: Does Ramadan Turn into Christmas?* Bilkent University, Ankara, Faculty of Business Administration. Paper.

Sens, Bastian (2017). *Schluss mit 08/15-Websites - so bringen Sie Ihr Online-Marketing auf Erfolgskurs.* Springer Gabler.

Shovlowsky, L. Privacylaw.proskauer.com. Abgerufen am 7. Juli 2018 von https://privacylaw.proskauer.com/2014/09/articles/articles/major-barrier-to-e-commerce-in-middle-east-and-north-africa-is-fear-about-data-security/

Sikos, L. F. (2014). *Web Standards.* Apress.

Stallmann, F., & Wegner, U. (2015). *Internationalisierung von E-Commerce-Geschäften.* Springer Gabler.

t3n. (Mai 2017). t3n.de. Abgerufen am 10. Juli 2018 von https://t3n.de/news/namshi-rocket-internet-arabisch-825762/

Thesmann, S. (2016). *Interface Design - Usability, User Experience und Acessibility im Web gestalten.* Springer Vieweg.

Voß, P. H. (2015). *Logistik – eine Industrie, die (sich) bewegt.* Springer Gabler.

We Are Social. Slideshare.net. Abgerufen am 4. Juli von https://www.slideshare.net/wearesocial/digital-in-2018-in-northern-america-86863088

Wenz, C., & Hauser, T. (2015). *Websites optimieren Das Handbuch.* Springer Vieweg.

Zakaria, N. (2018). From Souk To Cyber Souk: Acculturating To E-Commerce In The MENA Region. In *Digital Middle East: State and Society in the Information Age* (S. 143-166). Oxford University Press.

Zayani, M. (2018). Mapping the Digital Middle East - Trends and Disjunctions. In M. Zayani, *Digital Middle East* (S. 1-31). Oxford University Press.